Franz Kardinal König
Der Weg der Kirche

Franz Kardinal König
Der Weg der Kirche

Ein Gespräch mit Gianni Licheri

Patmos Verlag
Düsseldorf

Titel der italienischen Originalausgabe:
Chiesa dove vai?
Gianni Licheri interroga il Cardinale Franz Koenig

Dieser Übersetzung liegt die 2., erweiterte Auflage,
Rom 1986, zugrunde.
Aus dem Italienischen übersetzt von Erich Leitenberger

CIP-Kurztitelaufnahme der Deutschen Bibliothek

König, Franz: Der Weg der Kirche:
e. Gespräch mit Gianni Licheri / Franz Kardinal König.
[Aus d. Ital. übers. von Erich Leitenberger].
– 1. Aufl. – Düsseldorf: Patmos Verlag, 1986.
Einheitssacht.: Chiesa dove vai? ‹dt.›
ISBN 3-491-77647-3
NE: Licheri, Gianni:

1. Auflage 1986
Umschlaggestaltung: Peter J. Kahrl, Neustadt/Wied
Gesamtherstellung: Bercker GmbH, Kevelaer
ISBN 3-491-77647-3

Inhalt

Einführung 7

1. Kapitel
Vorbereitung auf das Konzil 19

2. Kapitel
Das Zweite Vatikanische Konzil 28

3. Kapitel
Die Bischofssynode 58

4. Kapitel
Das Sekretariat für die Nichtglaubenden . . 71

5. Kapitel
Die Erzdiözese Wien als Brücke zum Osten . 81

6. Kapitel
Johannes, Paul und die beiden Johannes Paul . 92

7. Kapitel
Der Mensch – der Priester – der Bischof . . 97

8. Kapitel
Die Kirche auf dem Weg ins dritte Jahrtausend 115

9. Kapitel
Die Sondersynode über das
Zweite Vatikanische Konzil 127

Schlußbemerkungen 154

Einführung

Franz Kardinal König, fast dreißig Jahre Erzbischof von Wien, mehr als fünfzehn Jahre auch Präsident einer Abteilung der römischen Kurie (des Sekretariats für die Nichtglaubenden), die ihre Entstehung direkt dem Zweiten Vatikanischen Konzil verdankt, hat in diesen Jahrzehnten jene neue Art des Bischof-Seins verkörpert, wie sie dem Bild der durch das Zweite Vatikanische Konzil auf die Höhe der Zeit gebrachten Kirche entspricht. Franz Kardinal König war Wegbereiter und erster Vollstrecker jener vatikanischen Ostpolitik, die Johannes XXIII. eingeleitet und Paul VI. verwirklicht hat. Er war – wie die Fama sagt – einer der „Geburtshelfer" bei der Wahl des slawischen Papstes.

Am 3. August 1986 ist sein 81. Geburtstag, seit September 1985 ist er als Erzbischof von Wien in Pension, nachdem Johannes Paul II. das bereits fünf Jahre zuvor eingereichte Rücktrittsgesuch akzeptiert hatte. Aber es ist die Frage, ob man bei Franz Kardinal König von „Pension" reden kann; ein erster Anlaß für diese Frage war seine Teilnahme an der Außerordentlichen Bischofssynode zum Konzilsjubiläum auf persönliche Einladung des Papstes. Franz Kardinal König ist heute einer der einflußreichsten und angesehensten Repräsentanten der katholischen Kirche.

Daher schien es mir mehr als naheliegend, Franz

Kardinal König unmittelbar vor der Außerordentlichen Bischofssynode, bei der sich die Kirche zwanzig Jahre nach dem Konzil der Herausforderung der neuen Zeiten stellen wollte, um seinen Gesprächsbeitrag zu bitten. Dies um so mehr, als ich überzeugt war, daß seine Erfahrung in einem Augenblick richtungweisend wirken könnte, da die Diskussion zwischen jenen, die das Konzil „eindämmen", und jenen, die es auf den neuesten Stand bringen wollten, offen zutage getreten war.

Nach mehrmaligem Drängen, wobei noch einmal die ganze Abneigung des Menschen König gegen jede Art des Sich-Vordrängens zum Ausdruck kam, ist dieses umfassende und detaillierte Gespräch in zwei Abschnitten entstanden: Im April 1985 wurde es in Rom begonnen, im August desselben Jahres in Wien weitergeführt und abgeschlossen. (Ein Nachtrag folgte noch nach der Außerordentlichen Bischofssynode zum Konzil.) Wie sich unschwer feststellen läßt, ist daraus ein Dialog entstanden, der die wichtigsten Etappen eines dreißigjährigen Wegs nachzeichnet und dabei manch unveröffentlichte Seiten aufdeckt; der steile Weg des Aufstiegs, den die Angehörigen der Konzils-Mehrheit zu bewältigen hatten, kommt zum Ausdruck, aber auch die Freiheit und Entschlossenheit des Kardinals bei seinen Entscheidungen, seine klare Sicht der Zukunft.

Ich habe das Konzil nicht zufällig als Ausgangsbasis gewählt. Denn es war dieses überraschende und unerwartete Ereignis, das eine neue Generation von Bischöfen heranreifen ließ, die das Dasein ihrer jeweiligen Teilkirchen zutiefst beeinflußten: Unter dem Einfluß dieser Bischöfe öffneten sich die Kirchen endlich allen Menschen und wurden zum Sauerteig in deren Geschichte.

Franz Kardinal König war dabei einer der Protagonisten.

Ich bin überzeugt, daß es im Augenblick der Synode, da zum ersten Mal eine offizielle Versammlung zur Reflexion über dieses Ereignis mit der Erfahrung der vergangenen zwanzig Jahre einberufen wurde, notwendig und wichtig für die Teilnehmer war (von denen die meisten an der Versammlung der sechziger Jahre nicht teilgenommen hatten), die lebendige und direkte Erfahrung einer der Hauptpersonen jenseits einer theoretischen Überprüfung der Konzilsdokumente zu hören: angefangen von der von der römischen Kurie beherrschten Vorbereitungskommission, die eher an eine feierliche und bestätigende Versammlung dachte, bis hin zur Aula, wo die bis in die kleinsten Einzelheiten ausgearbeiteten Pläne zurückgestellt und umgeworfen wurden; Tatsachen, von denen viele sicherlich bekannt sind, die jedoch, wenn sie in organischer Weise unter den jeweils bedeutsamsten Gesichtspunkten von einer der Hauptpersonen beschrieben werden, heute besondere Bedeutung annehmen und zum wirksamen Nachdenken verhelfen.

Der Wiener Kardinal spricht, ohne ein Blatt vor den Mund zu nehmen. Er stellt einerseits die „vorherrschende Tendenz“ in der Vorbereitungsphase heraus, „die das Konzil einschläfern wollte, nachdem man vergeblich mit allen Mitteln versucht hatte, den Papst von dessen Einberufung abzubringen“ – und enthüllt gleichzeitig, was der Papst ihm dazu zu sagen hatte; andererseits berichtet König über die Entscheidung, diese Tendenz zu überwinden, eine Entscheidung, der sich dann die Konzilsmehrheit angeschlossen hat. Alles Gesagte ist mit präzisen Details versehen, Kardinal König hebt bestimmte Personen und Gruppen hervor, läßt die delikatesten und dramatischsten Momente der verschiedenen Sitzungen wiederaufleben, in denen die mächtige Minderheit immer wieder mit jedem Mittel versuchte, sich den erreichten Ergebnissen zu widersetzen und diese ungültig zu machen. Und der Kardinal legt auch die Beziehungen seiner Gruppe zum Papst dar.

Das klassische Beispiel bleibt der Text über die bischöfliche Kollegialität, über den nach verschiedenen Vertagungen abgestimmt und der von der Versammlung angenommen wurde, dem aber plötzlich und ohne Wissen der Väter die berühmte „Nota praevia" vorangesetzt wurde, welche die Tragweite der Kollegialität „zurückschraubt": eine Erklärung, die beigefügt wurde, nachdem die besiegte Minderheit Zweifel über die Gültigkeit der Abstimmung angemeldet und an den Papst appelliert hatte: „In der (Theologischen) Kommission", antwortete mir König, „gab es Verwirrung wegen dieser unerwarteten Initiative, einige waren entschlossen, die ‚Nota' nicht zu akzeptieren. Nach ausführlichen Diskussionen entschied man sich für das kleinere Übel: besser ein guter Text über die bischöfliche Kollegialität mit der ‚Nota praevia' als Verzicht auf alles. Es war klar", schließt der Kardinal, „daß ohne die ‚Nota' alles ins Wasser gefallen wäre."

Ebenso erinnert König auch, ohne ein Blatt vor den Mund zu nehmen, an die weiteren Versuche der kurialen Minderheit bei den ersten Synoden, die Paul

VI. nach dem Konzil zur praktischen Verwirklichung von dessen Beschlüssen einberief.

Auf meine Frage nach einer Erklärung für das Fehlen einer Intervention seinerseits bei der ersten Synode als Antwort auf die negative Relation von Kardinal Browne antwortete König ohne Zögern: „Ich muß Ihnen gestehen, daß ich die Absicht hatte, das Wort zu ergreifen. Aber dann habe ich angesichts des absolut nicht dialogischen Diskussionsklimas darauf verzichtet. Ich hatte den Eindruck einer geschlossenen Gesellschaft, wo alles schon vorgeplant war. Daher habe ich es vorgezogen zu schweigen. Zweifellos setzte die Konzilsminderheit weiterhin ihre ganze Macht ein, um das kurz davor abgeschlossene Konzil auszuhöhlen."

Aber weit davon entfernt, die Waffen zu strecken oder radikale Positionen einzunehmen, nahm der Kardinal immer aktiver an den Synoden teil und führte den Vorsitz bei jener, die als die bisher wichtigste betrachtet werden kann: „Evangelisierung in in der heutigen Welt" im Jahre 1974. Es war die erste kollegiale Betrachtung der Kirche zehn Jahre nach dem Konzil, eine Art erster Bilanz des Themas, das einen der Pfeiler der konziliaren Wende dargestellt hatte und aus der das bedeutendste Dokument dieser vergangenen zwanzig Jahre hervorging („Evangelii nuntiandi"), dessen Autor, wie mir der Kardinal enthüllte, niemand anderer als Karol Wojtyla war.

Und dies alles, weil der Kardinal an die synodale Institution glaubt: „Es ist sehr wichtig, daß die Einrichtung der Synode gestärkt und fortgesetzt wird, weil es notwendig ist, daß die Kollegialität in der Leitung der Kirche vertieft wird."

Dies ist das Zeugnis eines Mannes, der immer für das „Aggiornamento“ und für den Dialog gearbeitet hat. So ging er in seiner Kirche unverzüglich durch die Einberufung einer besonderen Synode die Probleme an, die das Vaticanum II aufgeworfen hatte: Liturgiereform, Laienpredigt, verheiratete Diakone, Einsatz von laisierten Priestern in der Verkündigung, Ökumenismus, Geschiedenenpastoral: alles Probleme, deren Lösungen noch in vielen Teilkirchen debattiert werden.

Als Präsident des Sekretariats für die Nichtglaubenden begann er nach dem Dokument über den Atheismus, dem ersten dieser Art des römischen Dikasteriums, eine Reihe von Konferenzen und Diskussionen und knüpfte Kontakte mit den verschiedenen Religionen. Bedeutsam waren diesbezüglich der Vortrag an der muslimischen Universität von Kairo, sein Dialog mit Edvard Kardelj in Jugoslawien.

Von der Grenzstadt Wien aus weitete er schließlich seine pastorale Mission zu den Kirchen des Ostens hin aus; er durchbrach zum ersten Mal deren Isolierung durch Reisen, zuerst nach Budapest, wohin er von Papst Johannes wegen Mindszenty geschickt worden war, dann nach Polen, in die Tschechoslowakei, nach Ungarn, in die Sowjetunion und nach China, trotz der anfänglichen (aber später überwundenen) Widerstände des Staatssekretariats.

Während meines langen Zusammenseins mit König gewann ich den unwiderlegbaren Eindruck, wie sehr der Kardinal auf den Spuren eines durchlebten und durchlittenen Konzils immer ein Mann nach dem Herzen Johannes' XXIII. geblieben ist: „Von Papst Johannes habe ich den Optimismus gelernt, die Öff-

nung zur Welt, die Hinordnung auf das Konzil. Es war nicht leicht, ein Konzil einzuberufen... der Widerstand der Kurie war sehr stark."
Zwischen den beiden herrschte sofort eine geistige Übereinstimmung, von der zwei augenscheinliche Zeichen Zeugnis ablegen, über die mir König berichtet hat: der Purpur, den Roncalli ihm gleich nach seiner Papstwahl verleihen wollte, womit er sofort der Linie Pacellis zuwiderhandelte; das Brustkreuz, das er ihm, als er im Sterben lag, als Erinnerung hinterließ. Zwei Dinge, die sehr gut die Intensität der Beziehungen widerspiegeln, die aus Kardinal König einen der überzeugtesten Anhänger der Konzilsmehrheit machten und die ihn heute dazu bewegen, eine klare Position der Verteidigung des Konzils und seines „Aggiornamento" einzunehmen.
Was wäre die Kirche heute ohne das Ökumenische Konzil? „Eine wahre Katastrophe", antwortet König ohne Zögern und fügt hinzu: „Das Konzil hat das Antlitz der Kirche wahrhaft erneuert, es hat die Tore zur modernen Welt aufgestoßen, es hat viele Vorurteile zu Fall gebracht."
Nicht zufällig also betrifft ein Teil dieses Gesprächs – von dem man, meine ich, gerade in dieser schwierigen kirchlichen Epoche nicht absehen kann – die Versuche, die noch einmal, wie in den sechziger Jahren, in der Umgebung der Kurie in Gang gesetzt worden sind, damals um die konziliaren Entwicklungen zu behindern, heute um sie zu bremsen.
König hat auf diese „bremsenden" Einflüsse eine sehr klare Antwort gegeben: „Man mißt vorwärtsstürmenden Randgruppen zu viel Bedeutung zu, während man den wahren Fortschritt vernachlässigt,

den das Zweite Vatikanische Konzil als erstes in der Kirche gebracht hat, durch die Anerkennung des Eigenwertes der Geschichte, der Wissenschaft, der Künste – also all jener menschlichen Kategorien, die hundert Jahre früher mit dem ‚Syllabus' feierlich zurückgewiesen und dann neuerlich in der Enzyklika ‚Pascendi' verurteilt worden waren."
König stellte die Forderung, daß die Bischofssynode, weit davon entfernt, das Konzil zurückschrauben zu wollen, dessen Wiederbelebung in den wesentlichen Punkten darstellen sollte: der Kollegialität in der Leitung der Kirche, der Öffnung gegenüber der Geschichte, der Religionsfreiheit, der Begegnung mit den Religionen der Welt, dem Ökumenismus und der Wiederversöhnung im Inneren der Kirche.
Auf diesem Weg setzte und setzt er sein Vertrauen in den gegenwärtigen Papst, den einst unbekannten jungen Bischof, der gemeinsam mit zweihundert anderen Personen im Jahre 1961 an der tschechisch-polnischen Grenze stand, um ihn zu erwarten und auf seiner ersten polnischen Reise nach Krakau zu begleiten. Damals begann jene tiefe Freundschaft, die Karol Wojtyla zum Papsttum führen sollte.
In der Tat ist es inzwischen sicher, daß im zweiten Konklave von 1978, nachdem die Gruppe um Siri am ersten Tag die Wahl Benellis verhindert hatte (man hielt den Erzbischof von Florenz unter anderem für mein Interview mit dem Kardinal von Genua verantwortlich, das durch seinen explosiven Inhalt das Konklave störte, eine Sache, die ich noch einmal als völlig falsch zurückweise, weil Benelli davon überhaupt nichts wußte und davon aus der Pres-

se erfuhr, wie alle anderen), König die allgemeine Aufmerksamkeit von sich selbst abgelenkt und sie auf den Erzbischof von Krakau gerichtet hat, der so gewählt wurde.
König kennt Karol Wojtyla gut, er hat mir im Brustton der Überzeugung versichert, daß der Wille des Papstes die Entwicklung des Konzils in authentischem Sinne ist, die Entwicklung dessen, was das Konzil an Neucm gebracht hat, auch wenn er zugab, daß einige verzerrte Interpretationen über die Linie des Papstes daraus entstehen können, daß man sich auf die eine oder andere Aktivität des Papstes beruft, ohne eine Wertung des Ganzen.
In dieser Weise hat er offen, wenn auch indirekt, bestätigt, daß etwa die Meinung Kardinal Ratzingers eine persönliche Meinung bleibt, die den Papst sicherlich nicht miteinbezieht, wie Karol Wojtyla übrigens auch ausdrücklich bei seiner Rückkehr von einer Reise erklärt hat.
Der Wiener Kardinal bringt mit diesem seinem Beitrag, der in gewisser Weise eine Besiegelung seiner bischöflichen Laufbahn darstellt, die bestehende Diskussion innerhalb der Kirche auf die Ebene einer gelassenen, loyalen und konstruktiven Debatte zurück, von der bestimmte apologetische und apokalyptische Töne im Gegenteil abzubringen suchen.
Die Diskussion ist in der Kirche des Zweiten Vatikanischen Konzils, die zum erstenmal in ihrer institutionellen Struktur die Kollegialität eingeführt hat, ein wesentlicher Bestandteil ihres Daseins und ihrer Zukunft geworden.
In diesem Sinne kann man nicht umhin, Kardinal

Ratzinger dankbar dafür zu sein, daß er sich in so maßgeblicher Weise zum Förderer dieser Diskussion gerade zwanzig Jahre nach Abschluß des Konzils gemacht hat. Auf diese Weise durchbrach er eine andere der jahrhundertealten Traditionen der Kurie, die vom Oberhaupt der Organisation, die das Heilige Offizium war und die bis zum Konzil vom Papst geleitet wurde, größte Zurückhaltung und Diskretion erforderten.

Es liegt auf der Hand, daß seine Stellungnahme eine – wenn auch maßgebliche – persönliche Meinung bleibt, wie auch die Stellungnahmen seines Vorgängers Ottaviani maßgebliche persönliche Meinungen waren und bleiben, die sich aber das Konzil nicht zu eigen machte, das so zu anderen Entscheidungen gelangte.

Wie einst hinsichtlich Ottavianis so erklärt König auch heute gelassen, aber offen, daß er andere Meinungen vertritt als etwa Kardinal Ratzinger. Er vertritt weiter konsequent die Linie, die er beim Konzil und in den zwanzig Jahren danach verfolgt hat. Diese Linie stellt einen Beitrag zur Weiterführung des Konzils dar – weit entfernt davon, die Entscheidungen dieser Kirchenversammlung zu verneinen oder zu verwässern; aber sie paßt das Konzil der neuen, auf das Jahr 2000 zugehenden Realität von heute an. All dies tut König, ohne Urteile zu fällen oder Patentrezepte zu geben oder gar dieser oder jener Person oder Meinung Zeugnisse über das „Christsein“ auszustellen.

Es ist sicherlich kein Zufall, daß gerade von diesem Mann, der seine Menschlichkeit auch als Priester und Bischof ganz bewahrt hat, der gerne Professor geblieben wäre, der nichts unversucht gelassen hat, um den Bischofssitz von Wien nicht übernehmen zu müssen, der ihn zum Purpurträger gemacht und zur universalen Mission berufen hat, ein Anstoß zum Optimismus und zur Fortentwicklung des Konzils kommt. Er hat mir gesagt, daß für ihn die Ansprache von Papst Johannes gegen die Unglückspropheten auch heute ihre ganze Gültigkeit bewahrt hat, während das zentrale Problem das Gespräch und die Annäherung der Weltreligionen bleibe: „Dieses Gespräch wird zur grundsätzlichen Fragestellung hinführen: Wer ist Jesus Christus? Eine Fragestellung, die für alle Zeiten gültig ist und auf die jede Epoche ihre Antwort geben muß.“

Der Zug durcheilte Wien in raschem Tempo in Richtung Südbahnhof: Ich kehrte am Abend mit dem Kardinal aus einer Ortschaft in den Bergen an der steirischen Grenze zurück, wohin ich ihn zu einem Mittagessen auf Einladung des österreichischen Bundespräsidenten begleitet hatte, um seinen wenige Tage zuvor begangenen 80. Geburtstag zu feiern.

Mit dieser Antwort setzte König das Siegel unter die Erzählung seines Lebens, die an den Hängen des Gianicolo begonnen hatte und während fünf unvergeßlicher Tage in Wien zwischen seiner Residenz am Stephansplatz, seinem Sommersitz im 13. Bezirk Wiens und einem Abstecher in die Berge fortgeführt wurde.

Wir haben hier das Zeugnis eines Mannes vor uns, der alle Dramen und Widersprüche des 20. Jahrhunderts gelebt und auf jede nur erdenkliche Weise und mit allen Mitteln ein Verhalten und eine Ausdrucks-

weise für ein wechselseitiges Verständnis zwischen Kirche und Geschichte gesucht hat.
Chiesa dove vai? – Kirche, wohin gehst du, was ist dein Weg?
Das ist die Frage, die in wirkungsvoller Weise dieses innere Bedürfnis nach suchender Überlegung, diesen Anstoß zum Nachdenken und zum Voranschreiten deutlich macht, der das Zeugnis von Franz König charakterisiert. Er hat, obwohl er Priester, Bischof und Kardinal ist, ohne der Mode und den Strömungen der Zeit nachzugeben, niemals vergessen, daß er vor allem anderen ein Mensch ist.

Gianni Licheri

1. Kapitel

Vorbereitung auf das Konzil

Herr Kardinal, kannten Sie Kardinal Roncalli?

Ich lernte Roncalli erst nach seiner Wahl zum Papst kennen. Ich hatte keine Gelegenheit, ihm zu begegnen, als er noch Patriarch von Venedig war.

Wie wurden Sie über Ihre Ernennung zum Kardinal im November 1958 informiert?

Der Nuntius in Wien hatte sie mir für das Konsistorium angekündigt, das der soeben gewählte Papst Johannes XXIII. sofort einberufen hatte. Der Papst selbst bestätigte mir dies bei der ersten Audienz, die er mir am 6. November 1958, zwei Tage nach seiner Inthronisierung, gewährte und vertraute mir die Genesis meiner Ernennung an. Er hatte von Domenico Tardini, dem Pro-Staatssekretär von Pius XII., von dessen Absicht erfahren, dem Erzbischof von Wien den Kardinalspurpur zu verweigern, solange die österreichische Regierung das Konkordat mit dem Heiligen Stuhl nicht anerkannt hätte. Das war ein tatsächliches Druckmittel gegen die Regierung. „Ich dagegen", sagte Papst Johannes, „habe die Absicht, in entgegengesetzter Weise vorzugehen, und bin überzeugt, daß gerade diese Ernennung die Anerkennung des Konkordats erleichtern wird."
Und so war es auch. Die Sozialisten, die das Konkordat von 1933 als nichtig betrachtet hatten, er-

kannten dessen Geltung an. So war der Weg für eine Einigung in der damaligen Koalitionsregierung aus Volkspartei und Sozialisten offen.

Deutete der Papst bei der Audienz, die er Ihnen nach der Verleihung der Kardinalswürde gewährte, auch nur im geringsten die Möglichkeit eines Konzils an?

Nein, er machte keine Andeutung dieser Art. Bei einer späteren Audienz, nach der Ankündigung des Konzils, verriet er mir jedoch, wie diese Idee zustandekam.
Die Idee begann am 18. Januar 1959 zu Beginn der Gebetswoche für die Einheit der Christen zu reifen; aber sie war so weit von einer konkreten Verwirklichung entfernt, „daß sie mir als eine wahrhafte Suggestion, eine Anfechtung, erschien, so sehr, daß ich sie in jeder Weise zu verdrängen suchte", erklärte der Papst; „doch angesichts der Beharrlichkeit dieser Idee ließ ich mich davon überzeugen, daß sie eine Eingebung von oben war; eine Überzeugung, die am letzten Tag der Gebetswoche zur Gewißheit wurde. Nun zögerte ich nicht mehr und verkündete noch am gleichen Tag die Einberufung des Konzils."

Wie war Ihre erste Reaktion auf eine so unerwartete Ankündigung? Was schrieben Sie dem Papst? Wie kündigten Sie das Konzil in Ihrer Kirche an?

Es war alles so unerwartet, neu und außerordentlich, daß ich fast bestürzt war und mir ein Ereignis, das seit fast hundert Jahren nicht in der Kirche stattgefunden hatte, nicht konkret vorstellen konnte. Ich habe mich gefragt: Was ist ein Konzil heute? Wie bereitet man es vor? Wie läuft es ab? Mir fehlte jegliche Erfahrung, und ich wußte daher nicht, was tun. Aus Rom wurde mir meine Ernennung zum Mitglied der Zentralkommission* mitgeteilt, aber der österreichische Episkopat ergriff keine besondere Initiative. Keiner wußte, was man hätte tun sollen.

Sie waren von Anfang an für die Anerkennung der spezifischen Funktion der Laien in der Kirche. Entsprach diese Haltung einer besonderen Organisation Ihrer Kirche?

Ich bin immer in Kontakt mit der Presse gewesen. Bei dieser Gelegenheit sagte ich zu den Wiener Journalisten: „Wenn Sie etwas zu sagen haben, dann sagen Sie es. Die Idee des Konzils", fügte ich hinzu, „geht die ganze Kirche an, nicht nur die Bischöfe, sondern auch die Laien."

* Die Zentralkommission wurde durch das Motu proprio „Superno Dei nutu" vom 5. Juni 1960 eingerichtet. Insgesamt war die Zentralkommission aus 143 Personen, darunter 116 Mitglieder und 27 Berater, zusammengesetzt. Die Zentralkommission hielt sieben Plenarversammlungen (zwei im Jahr 1961 und fünf im Jahr 1962) mit 54 Sitzungen ab. Im offiziellen Bericht über die Tätigkeit der Zentralkommission heißt es: „Alle Schemata der vorbereitenden Kommissionen und Sekretariate gingen durch die Zentralkommission, die den Auftrag hatte, über die Opportunität oder Nichtopportunität, sie dem Konzil zur Debatte vorzulegen, zu befinden. In Erfüllung dieser Aufgabe hatten die Väter die Schemata zu prüfen und Verbesserungen für diejenigen Vorlagen vorzuschlagen, deren Überweisung an das Konzil man für opportun hielt. Darum bildete man innerhalb der Zentralkommission zwei Subkommissionen: eine für die gemischten Angelegenheiten und eine für die Verbesserungen... Die Zentralkommission äußerte bei einigen Schemata ein negatives Urteil über die Opportunität, sie dem Konzil vorzulegen. Es handelte sich dabei um allzu partikuläre Themen, die geeigneter erschienen, an die Kommission zur Revision des kirchlichen Gesetzbuches überwiesen zu werden. So wurde die Gesamtzahl der Schemata auf 22 reduziert." (Anm. d. Übers.)

Wie gingen die Sitzungen der Zentralkommission vor sich? Gab es nicht zu Beginn den Versuch, das Konzil durch eine rein römische Vorbereitung, in der die zentralen Kongregationen das Sagen hatten, einzukapseln?

Die Erfahrung der Zentralkommission war für mich außerordentlich wichtig. Deren Präsident, Kardinal Tisserant, versuchte die Arbeiten so gut wie möglich zu leiten, aber die Projekte waren unzählig.
Ich bemerkte sofort die Absicht der römischen Schule der Theologie, die von der traditionellen Linie beherrscht war, jeglichen Schritt nach vorn zu verhindern.
Diese Tendenz lag allerdings den von mir, von Kardinal Frings aus Köln und Kardinal Döpfner aus München in der Zentralkommission vertretenen Bischofskonferenzen fern. So zögerte ich nicht, folgendes zu erklären: „Man kann die Möglichkeit nicht leugnen, daß die eine oder andere Kommission mit ihrer Arbeitsmethode die eine oder andere Tendenz des Konzils und seine Aktivitäten beeinflußt, um diese in möglichst engen Grenzen zu halten."

Wieso brachte dann damals die europäische Vertretung nicht ihre Stimme und ihre Gegenwart zu Gehör, wie es später in der Aula von Beginn des Konzils an geschah?

Die römische Tendenz hatte zu Beginn leichtes Spiel, da sie die Isolierung ausnutzte, in der damals die einzelnen Bischofskonferenzen lebten.
Ich erinnere mich daran, daß Kardinal Frings, den ich in Köln besuchte, auf meine Anregung zu einem

Besuch in Paris bei der französischen Bischofskonferenz antwortete: „Ich kann nicht. Ich bin ein deutscher Bischof. Ich kann nicht zum französischen Episkopat sprechen." Ich wunderte mich sehr bei der Feststellung, daß im Rheinland der Erzbischof von Köln mit seinen französischen Nachbarn keinerlei Kontakt hatte. Dies ist eine Tatsache, die gut die Situation der absoluten Isolierung der einzelnen Bischofskonferenzen vor dem Konzil illustriert.

Sie erklärten in einem Interview im April 1962: „Es wäre falsch, zu glauben, daß die wichtigsten dem Konzil unterbreiteten Themen Gegenstand von Entscheidungen gewesen sind, die den Willen der Konzilsteilnehmer vorwegnahmen." Es handelte sich also tatsächlich um eine Entscheidung der der Kurie nicht Angehörigen, die Arbeit der Zentralkommission auf einen Ausgangspunkt zurückzudrehen, von dem aus das Konzil seine Beschlüsse treffen sollte. War es nicht so?

In der Vorbereitungszeit sah man weder die Entwicklung voraus, die das Konzil, einmal begonnen, nehmen würde, noch die Ergebnisse, zu denen es gelangen würde. Wir waren aber entschlossen, die vorherrschende Tendenz zu überwinden, die das Konzil einschläfern wollte, nachdem man vergeblich mit allen Mitteln versucht hatte, den Papst von dessen Einberufung abzubringen. So wies Tardini – wie Roncalli mir selbst erzählte – nach den ersten vagen Andeutungen des Papstes sofort auf die Priorität hin, die man der römischen Diözesansynode einräumen müsse, die seit über hundert Jahren nicht stattgefunden hatte.

Dies tat er mit der klaren Absicht, erklärte der Papst später mir gegenüber, „mich vom Konzil abzubringen oder mich wenigstens zu einer Verschiebung zu bewegen. Aber ich berief beide ein.“
Es ist allen bekannt, daß die römische Synode, die dem Konzil voranging, sich auf eine Art Ja-Sager-Versammlung reduzierte, die die von wenigen vorbereiteten Dokumente ohne besondere Teilnahme der Versammlung selbst approbierte. Daraufhin war das Vorhaben der Kurie, mit der gleichen Methode beim Konzil vorzugehen, augenscheinlich.

Kardinal Montini wurde nicht sofort zum Mitglied der Zentralkommission ernannt. Trafen Sie ihn in dieser Zeit zu einem Meinungsaustausch, und auch, um ihm über die Arbeiten der Zentralkommission zu berichten? Warum wurde Ihrer Ansicht nach der Erzbischof von Mailand fast während der ganzen Vorbereitungszeit von der Zentralkommission ausgeschlossen?

Ich hatte Kardinal Montini in Mailand einen Monat vor der Ankündigung des Konzils getroffen; offiziell wußte ich nichts über die Motive, die seine Ernennung in die Zentralkommission verhindert hatten. Jedenfalls ist klar, daß die Linie Montinis ganz anders war als die der Kurie.

Ihre Kirche nahm aktiv an der Ausarbeitung der programmatischen Punkte teil, die dem Konzil unterbreitet werden sollten. Was waren die wesentlichen Wünsche?

Bevor sie etwas unternahmen, warteten die Bischöfe in Österreich auf die Ergebnisse und Orientierungshilfen der Zentralkommission.

Es gab damals keine vorgefertigten Programme, gerade wegen der Neuheit des Ereignisses. Andererseits waren die Arbeiten der Zentralkommission sehr undurchsichtig, weil man einerseits viel und über die verschiedensten Themen sprach (es genügt, daran zu erinnern, daß die Kommission insgesamt bekanntlich 94 Vorlagen beschloß). Auch stieg die Verwirrung von uns Nicht-Römern Tag für Tag, und andererseits beschloß man nichts oder fast nichts.

Hans Küng hat in seinem ersten Buch über Kirchenreform und Einheit der Christen in der Einleitung festgestellt, daß das Konzil entweder die Erfüllung einer großen Hoffnung oder eine Enttäuschung sein wird. Sie haben sich geweigert, an die zweite Möglichkeit zu glauben. Ist Ihnen aber diese Idee in der Vorbereitungszeit nie gekommen?

Ich habe Hans Küng 1961 während eines Spitalsaufenthalts kennengelernt, der eine Spätfolge meines Autounfalls in Jugoslawien auf dem Weg zum Begräbnis von Kardinal Stepinac war. Er – ein junger Priester und früherer Alumne des römischen „Germanicum" – hatte mich aufgesucht, um mir das Manuskript dieses seines ersten Buchs vorzulegen und mich zu bitten, ein Vorwort zu schreiben. Ich sagte zu, trotz der Zweifel eines erfahrenen Dogmatikprofessors, den ich das Manuskript lesen ließ.
Sicherlich wollte ich nicht, daß das Konzil zu einer Enttäuschung wird, und im Innersten wußte ich, daß es nicht so sein würde. Aber wenn ich nur aufgrund der Art und Weise der Vorbereitung hätte urteilen müssen, hätten die Befürchtungen im Hinblick auf eine Enttäuschung sicher die Oberhand behalten.

Hatte Johannes XXIII. keine Zweifel über die Vorbereitungsmethode und die verschiedenen Entwürfe, die vorgelegt wurden? Hat er bei den Sitzungen der Zentralkommission, die er ja präsidierte, eingegriffen, um zu korrigieren, abzuändern, die Grundlinien einer unterschiedlichen Behandlung der Themen anzugeben?

Johannes XXIII. „ließ geschehen", ohne einzugreifen oder die Leitung der Arbeiten an sich zu ziehen. Ich glaube, vielleicht auch aus dem Grund, weil er damals nicht wußte, was er tun sollte, welche Richtung einzuschlagen war oder welche Haltung er einnehmen sollte.

Hat Ihnen der Papst in den Privataudienzen seine Absichten und Erwartungen kundgetan? Es heißt, daß er an ein kurzes Konzil mit „Jubelcharakter" dachte. An Diskussionen hat es in diesem Zusammenhang nicht gefehlt. Wie denken Sie darüber?

Kurz ja, Jubelcharakter nein: Ich konnte in zahlreichen Begegnungen mit dem Papst feststellen, daß er – wie viele andere auch – von der kurzen Dauer des Konzils überzeugt war. Die Meinung war verbreitet, daß die ökumenische Kirchenversammlung nur ein Jahr dauern würde.

Welchen Eindruck hatten Sie am Ende der Vorbereitungsarbeit bezüglich „Breite" und „Tiefe" des Konzils?

Ich fühlte eine große Skepsis angesichts des Umfangs der vorbereiteten Dokumente und der praktischen Möglichkeit, daß das Konzil all diese Entwürfe ernsthaft prüfen könnte.

Sie haben am Ende der Vorbereitungsarbeiten in einem Interview erklärt, das Konzil werde kein Problem ausklammern, sondern in offener und loyaler Diskussion seine Meinung klar darlegen, wie es auch schon in der Zentralkommission geschehen sei, wo einige Dinge zurückgewiesen, andere abgeändert wurden. Was war die wahre Bedeutung der Vorbereitungsarbeit? Gab es schon in der Zentralkommission Auseinandersetzungen zwischen den beiden Tendenzen, die auf starke Diskussionen in der Konzilsaula schließen lassen konnten?

In den Arbeiten kamen zwei Tendenzen zum Ausdruck: eine kleine Minderheit der Kommission – zu der mit den Kardinälen Frings und Döpfner auch ich gehörte – wollte die aktuellen Probleme des christlichen Lebens und der zeitgenössischen Welt diskutieren. Die große Mehrheit war dagegen darauf ausgerichtet, neuerlich die großen Themen der traditionellen Theologie darzulegen. In Rom spürte man im Hinblick auf die neuen Zeiten kein Bedürfnis nach einem „Aggiornamento“.

2. Kapitel

Das Zweite Vatikanische Konzil

A. Die erste Session

Das Konzil wurde mit der berühmten Rede Johannes' XXIII. eröffnet. Haben Sie den Papst am Vorabend der Eröffnung getroffen? Hat er sich mit Ihnen über die Ausrichtung der Arbeiten beraten?

Das Konzil begann in einer etwas konfusen Atmosphäre, mit einem vagen Wunsch nach Veränderung. Aber man rechnete nicht wirklich mit der Möglichkeit, die von der Zentralkommission getroffenen Entscheidungen beeinflussen zu können. Denn nach der bis dahin gültigen Tradition war es unmöglich, daß die Kirche einen neuen Weg einschlagen könnte. Die Rede, mit der Johannes XXIII. das Konzil eröffnete, war aber dann von einer großen Offenheit, voller Sensibilität für das Leben und die Welt von heute. Da sprach keine theologische Schule, sondern der Papst: eine lebendige Sprache, in der man all das Neue spürte, das im Denken Johannes' XXIII. und in seiner Art, Papst zu sein, zum Ausdruck kam. Es war für alle eine echte Überraschung.

Kann man die erste Stellungnahme der Konzilsversammlung über die Wahl der Kommissionen, mit der bekanntlich der Vorschlag, die vom Generalsekretariat vorbereiteten Listen abzustimmen, zurückgewiesen wurde, als einen ersten Schritt auf der Linie Johannes' XXIII. interpretieren?

Die Eröffnungsrede des Papstes stellte das wahre Programm des Konzils dar; die Versammlung fand die Kraft, sofort eine entsprechende Antwort zu geben und den vom Generalsekretariat vorbereiteten Plan zurückzuweisen. Das war der entscheidende Schritt, der das Konzil durch die vier Sessionen hindurch sehr weit weg von allen Voraussagen führen sollte.

Sie waren unter denen, die sich ausdrücklich für den Verschiebungsantrag Kardinal Liénarts aussprachen. Es gab vielfältige Kommentare zu dieser Haltung. Was waren die wirklichen Motive, die zu dieser Initiative führten? Gab es vom ersten Tag an Versammlungen der verschiedenen Episkopate, um eine gemeinsame Linie zu finden? War auch Kardinal Montini für die Verschiebung?

Mit dem Antrag Kardinal Liénarts – dem ich mit der großen Mehrheit zugestimmt habe – hat die Konzilsversammlung sofort zu verstehen gegeben, daß sie sich nicht von der Kurie unter Druck setzen lassen, sondern ihren Weg frei und verantwortlich selbst wählen wollte.
Auch Kardinal Montini war für diese Richtung.

Zweiter entscheidender Moment dieser Session war die Abstimmung über das Schema über die Quellen der Offenbarung, eine Entscheidung, die – so könnte man sagen – dem Konzil endgültig die Richtung gab. Von wem war die Idee jener seltsamen Abstimmung, bei der mit Ja abstimmen mußte, wer das Schema zurückwies (und das war die Mehrheit), und mit Nein, wer das Schema akzeptierte?

Es handelte sich um eine List des Generalsekretariats des Konzils, dessen Sekretär – Pericle Felici – der römischen Schule sehr nahestand.
Wir von der französisch-deutschen Schule trafen uns – wie immer bei besonderen Anlässen – im österreichisch-deutschen Priesterkolleg Santa Maria dell' Anima, um die Situation zu überlegen. Wir kamen schließlich überein, einige Vertreter zu benennen – darunter Kardinal Frings –, die dem Papst über die Gefährlichkeit einer Abstimmung in diesem Sinn, die Konfusion auslösen könnte – wie es dann wirklich geschah –, berichten sollten.

Trotzdem brachte die Abstimmung den Willen der Mehrheit, die das Schema zurückwies und seine Überarbeitung verlangte, zum Ausdruck. Es war aber keine qualifizierte Mehrheit, die ausreichend gewesen wäre, um nach den Statuten das von der Theologischen Kommission vorgeschlagene Schema zurückzuweisen. Man sprach damals von Interventionen beim Papst, damit er eine dem Willen der Mehrheit entsprechende Entscheidung träfe, was er dann auch tat. Waren Sie unter jenen, die in diesem Sinn tätig wurden?
Was steckte wirklich hinter dieser Vorkehrung, die den Kurs des Konzils entscheidend veränderte?

Es geschah genau so, wie Sie es berichten. Für die Zurückweisung des Schemas über die Offenbarung verlangten die Statuten des Konzils ein bestimmtes „Quorum“, eine Mehrheit von zwei Dritteln. Trotz des geschilderten Abstimmungsmodus sprach sich die Mehrheit für die Zurückweisung aus, ohne allerdings die Zweidrittelmehrheit zu erreichen. Statutengemäß wäre das Schema also nicht als zurückgewiesen zu betrachten gewesen. Aber dann griff Papst Johannes direkt ein, machte sich unsere Bedenken zu eigen und entschied für die Zurückverweisung des Dokuments an die gemischte Kommission. Es war das der einzige direkte Eingriff des Papstes in das Konzil, ein Eingriff, der Inhalt und Geist der Eröffnungsansprache bestätigte und so zum zweiten Mal dem Konzil eine Wendung gab.

Die gemischte Kommission wurde nach der umstrittenen Abstimmung und der Entscheidung des Papstes eingesetzt. Sie hatte den Auftrag, ein neues, vom Entwurf der Vorbereitungskommission ganz verschiedenes Schema über ein grundlegendes Thema auszuarbeiten. Um beide Richtungen miteinander zu versöhnen, wurden zwei Vorsitzende gewählt, die jeweils eine Richtung repräsentierten, die Kardinäle Bea und Ottaviani. Selbstverständlich brachen in der Kommission sofort jene Gegensätze auf, die zur Zurückweisung des ersten Entwurfs geführt hatten. Diese Gegensätze manifestierten sich sogleich in der Frage der Zulassung von Theologen als „Periti" der einzelnen Kommissionsmitglieder. Mein Konzilstheologe war Professor Karl Rahner, der erst nach manchen Zweifeln diese Aufgabe akzeptiert hatte. Das hing mit seiner Haltung zusammen, die sicher nicht zur römischen Schule paßte, so sehr, daß er etwas wie Widerwillen verspürte, nach Rom zu kommen. Als ich zum Kommissionsmitglied nominiert wurde, wollte ich Rahner mitnehmen. Nach einigem Zögern hatte Kardinal Ottaviani keine grundsätzlichen Einwände gegen Rahners Teilnahme. Es gab harte Diskussionen. Aber ich muß anerkennen, daß Kardinal Ottaviani, obwohl ein entschiedener Verteidiger der traditionellen Theologie, unsere Thesen mit Respekt anhörte.

Haben Sie während der ersten Session oft Kardinal Montini getroffen? Was war die Meinung des damaligen Erzbischofs von Mailand?

Mit meiner Gruppe – Suenens, Döpfner, Liénart, Frings – habe ich den Erzbischof von Mailand oft zum Gedankenaustausch getroffen: Er war ganz auf unserer Seite.

In der letzten Generalkongregation haben Sie die Erfahrung der ersten Session als nicht negativ bezeichnet, vor allem im Hinblick auf die Nützlichkeit des täglichen Gesprächs und der privaten Kontakte der Bischöfe. Wie wurden diese Begegnungen organisiert?

Die nicht vorgesehenen und nichtorganisierten privaten Begegnungen zwischen Bischöfen und Konzils-Periti wurden immer häufiger. Es handelte sich um informelle Treffen, die aber das eigentliche Rückgrat des Konzils darstellten.

War man sich der Bedrohlichkeit der Krankheit Johannes' XXIII. bewußt? Gab es Zweifel, ob der Papst noch die zweite Session eröffnen würde?

Es gab diese Zweifel, sie waren sehr real. Aber es gab auch die starke Hoffnung, daß der Papst die Krankheit überwinden könnte. Diese Hoffnung wuchs nicht so sehr aus der Wirklichkeit, sondern aus dem Gefühl der Bestürzung und Verlorenheit, das die bloße Möglichkeit des Todes desjenigen, der das Konzil gewollt und einberufen hatte, bei den Bischöfen auslöste. Was werden wir tun, wenn der

Papst stirbt? haben wir uns damals gefragt. Es gab die große Sorge, ob das Konzil dann überhaupt noch fortgesetzt werden könnte.

Was war Ihre letzte Begegnung mit dem Roncalli-Papst? War der Papst nach der ersten Session überzeugt, daß das Konzil länger dauern würde, oder hoffte er immer noch, es im Dezember 1963 beenden zu können? Was tat der Papst im Zeitraum zwischen den Sessionen?

Ich kann mich nicht erinnern, was die letzte Begegnung war. Aber ich erinnere mich sehr gut an eine Begegnung mit dem damaligen Substituten im Staatssekretariat, Msgr. dell'Acqua. Der Papst war schon sehr krank, dell'Acqua gab mir ein Brustkreuz und sagte dazu: „Der sterbende Papst schenkt dem Erzbischof von Wien dieses Kreuz." Dieses Kreuz trage ich seither immer.
Bei den letzten Begegnungen mit Johannes XXIII. nach Abschluß der ersten Session hatte ich den Eindruck einer gewissen Desorientierung des Papstes über die unvermutete Entwicklung des Konzils. Zwei Tendenzen beherrschten sein Denken: Auf der einen Seite die Gewißheit, bei der Einberufung des Konzils einer Inspiration gefolgt zu sein, daher konnte es bei der Durchführung des Konzils kein Zaudern geben; auf der anderen Seite hatte er eine gewisse Sorge über den nicht vorhergesehenen Ausgang, dem das Konzil zusteuerte. Das focht aber sein absolutes Vertrauen nicht an. Denn er berief sich immer auf die nicht nur rein menschliche Grundlage der Institution Kirche – und daher war er eines positiven Ausgangs gewiß.

Gab es zwischen den Kardinälen Nord- und Mitteleuropas während der Krankheit Johannes' XXIII. einen Meinungsaustausch hinsichtlich des neuen Papstes, vor allem im Hinblick auf die Fortsetzung des Konzils?

Natürlich haben wir uns – sowohl in unserer Gruppe als auch im Gespräch mit anderen – über den Nachfolger Gedanken gemacht. Die Frage, die wir uns gestellt haben, lautete: Wird das das Ende des Konzils sein, oder werden wir einen Papst finden, der den Mut hat, das Konzil fortzusetzen?

Das Konklave von 1963 war das erste, das Sie miterlebt haben. Wie würden Sie es im Vergleich zu den beiden Konklaves von 1978 charakterisieren?

Das Konklave von 1963 war mein erstes. Vor der Eröffnung eines Konklaves werden bekanntlich die sogenannten Kardinalskongregationen abgehalten, in denen das Kollegium der Kardinäle über die dringenden Angelegenheiten der Kirche diskutiert und entsprechende Entscheidungen trifft. Es handelt sich um eine „demokratische Phase" in der Leitung der katholischen Kirche zwischen dem Tod eines Papstes und der Wahl des Nachfolgers.
Nach einer dieser Kongregationen sagte mir Kardinal Cicognani – der Staatssekretär unter Johannes XXIII. war – in einem Meinungsaustausch über den möglichen Nachfolgekandidaten: „Für das Papstamt kommt nur Kardinal Montini in Frage, er scheint dafür prädestiniert."
Im Konklave war mein Platz zwischen Kardinal Urbani von Venedig und dem Erzbischof von Mailand.

Der Patriarch von Venedig sagte mir: „Reden Sie mit Montini, und auch Sie werden feststellen, in was für einem verwirrten Seelenzustand er ist."
Vor den Abstimmungen sagte mir Montini: „Wer auch immer der neue Papst sein wird, er muß das Beispiel und die Offenheit Johannes' XXIII. fortsetzen."
Nach seiner Wahl haben wegen der menschlichen Verschiedenheit zwischen Montini und Roncalli viele daran gezweifelt, daß Paul VI. den Spuren Johannes' XXIII. folgen könnte. Ich habe diese Zweifel nie gehabt, denn ich hatte ja schon seine Meinung vor der Wahl gehört. Der Zustand der Verlorenheit am Vorabend der Wahl war ein Zeichen jener auch physischen Qual, die Montini angesichts von großen Problemen, die ihm „unter die Haut gingen", immer durchlitt.
Im Gegensatz zum Konklave von 1963 hat in den Konklaves von 1978 die dominierende Gestalt gefehlt.

Wie hat sich Montini gleich nach der Wahl noch im Konklave verhalten? Hat er gleich über das Konzil gesprochen und seine Entschlossenheit, es fortzusetzen? Wie war sein Seelenzustand im Augenblick der Wahl?

Das Antlitz des neuen Papstes zeigte sofort die Zeichen der Last der neuen Verantwortung. Aber ohne jedes Zögern stellte er sofort kraftvoll fest: „Das Konzil muß fortgesetzt werden." Die Art der Fortsetzung der Arbeiten bereitete ihm zweifellos Sorgen, aber er vertraute auf die Hilfe von uns Kardinälen, die wir ihn gewählt hatten.

Der einzige Beschluß der ersten Session war der über die Neubearbeitung des Offenbarungs-Schemas und über die Einrichtung der gemischten Kommission. Wollte Paul VI. sofort den Stand der Arbeiten kennenlernen, und griff er in dieser Richtung ein?

Sogleich nach der Wahl stürzte sich Paul VI. ganz konkret in die Konzilsarbeit.

B. Die zweite Session

Die zweite Session des Konzils wurde durch die Diskussion über das Kirchen-Schema charakterisiert. Diese Diskussion fand ihren ersten Höhepunkt in der berühmten Abstimmung am 30. Oktober 1963 am Ende der 48. Generalkongregation. Die von den Moderatoren vorgeschlagene Abstimmung betraf den sakramentalen Charakter des Bischofsamtes, die Kollegialität und den Diakonat. Die Abstimmung wurde vierzehn Tage zuvor angekündigt, aber dann verschoben. Man sprach von Manövern und Berufung an den Papst. Was war die Wahrheit über diese Vorgänge, die in gewissem Sinn eine weitere entscheidende Wendung des Konzils darstellten?

Schon zu Ende der ersten Session hatte Kardinal Suenens ausdrücklich verlangt, daß das Problem der Kirche die Mitte der Überlegungen des Konzils darstellen sollte. Kardinal Montini hat in seiner einzigen Intervention vor seiner Papstwahl dieses Verlangen unterstützt. Im Zusammenhang mit diesem Problem stellte sich die Frage nach Rolle und Funktion des Bischofs, als einzelner wie als Kollegium – ein

Thema, das von der katholischen Kirche, die beim Ersten Vatikanischen Konzil die Rolle des Papstes dogmatisch definiert hatte, noch nie behandelt worden war. Sicher war das ein Thema, das die Konzilsminderheit unter allen Umständen vermeiden wollte, denn sie hegte die Befürchtung, daß sich in der zentralen Leitung der Kirche das Konzept der Konziliarität oder – wenn man will – der Demokratie durchsetzen könnte. Von daher gab es eine Reihe von Versuchen, jede Abstimmung über dieses Problem zu vermeiden.

Über den positiven Ausgang der Abstimmung, die mit großer Mehrheit den Willen des Konzils festlegte, wurden von seiten der Minderheit – auch vom Vorsitzenden der Theologischen Kommission, Kardinal Ottaviani – viele Zweifel geäußert. Worin bestand in der Kommission der wirkliche Gegensatz über das Thema der bischöflichen Kollegialität?

Während der zweiten Session gab es immer wieder Versuche von seiten des Generalsekretariats, im Verlauf der täglichen Begegnungen mit dem Papst die „gefährlichen“ Aspekte des neuen Instituts der Kollegialität darzulegen, das vom Konzil eingeführt werden sollte. Es war daher logisch, daß die Minderheit nach der ersten Abstimmung trotz ihrer negativen Haltung auf jede Weise die Tragweite der Kollegialität zu mindern suchte. Die römische theologische Schule, deren höchster Repräsentant Kardinal Ottaviani war, vertrat die Ansicht, daß die Diskussion über die Struktur der Kirche schon vom Ersten Vatikanischen Konzil behandelt und mit der Definition des Primats und der Unfehlbarkeit des Bischofs von

Rom gelöst worden sei. Eine Anerkennung der Kollegialität der Bischöfe hätte nach Ansicht dieser Schule bedeutet, den Primat im Sinn des Vaticanum I zu leugnen – mit der Gefahr, den Bischof von Rom zu einem „Primus inter pares“ zu machen, dem nur ein Ehrenprimat zukommt.

Wie beurteilte Paul VI. die Opportunität sowohl der Abhaltung der Abstimmung als auch des Abstimmungsausgangs?

Ich kann sagen, daß der Papst – trotz allen Zauderns, das ihm eigen war – die Abstimmung wollte und ihren positiven Ausgang voll akzeptierte.

Zum erstenmal seit Jahrhunderten wurden auch das Problem des Ökumenismus und das Problem der Religionsfreiheit diskutiert. Es war allerdings eine sehr allgemeine Behandlung, denn die Diskussion war zwar umfassend, aber es kam zu keiner Abstimmung. Hatten Sie nicht den Eindruck, daß eine mächtige Minderheit das Konzil auch in dieser Frage seines Sinns entleeren wollte?

Die große Idee Johannes' XXIII. war es gewesen, das Problem des Ökumenismus anzugehen und gerade deshalb auch die Vertreter der verschiedenen Kirchen als Beobachter zum Konzil einzuladen. Die Beobachter wohnten den Beratungen nicht nur passiv bei, es gab zahlreiche Begegnungen mit den Konzilsvätern abgesehen von den institutionalisierten Treffen mit Kardinal Bea, dem Vorkämpfer des Ökumenismus und ersten Präsidenten des Einheitssekretariats.
Viele Dokumente des Konzils gingen auch durch die

Hände der Beobachter, die zu den verschiedenen Punkten ihre Meinung zum Ausdruck brachten. Ich selbst hatte zahlreiche Begegnungen mit den Beobachtern. Sicher gab es von seiten der Minderheit die Furcht, daß die genannten Probleme der Kirche schaden könnten; daher tat die Minorität alles, um etwa die Verwirklichung des Ökumenismus zu behindern.

Wie war das Klima im Zeitabschnitt zwischen zweiter und dritter Session?

Im Zeitabschnitt zwischen erster und zweiter Session hatte eine Frage alles beherrscht: Wer wird der neue Papst sein? Wird das Konzil weitergehen? Mit der Wahl Pauls VI. waren alle Zweifel in dieser Richtung zerstreut worden, die zweite Session fand statt, diese beschloß wiederum die Abhaltung einer dritten Session.
Die Zeitspanne zwischen zweiter und dritter Session war daher von absolutem Vertrauen und Optimismus gekennzeichnet. In diesem Zeitraum erfuhr das Konzil jene Wendung, die es zu Resultaten führen sollte, die „alle Erwartungen übertrafen“, wie es der Basler reformierte Theologe Oscar Cullmann formulierte. Die großen Themen wie Kirche, Ökumenismus, Religionsfreiheit – die nach der Wahl Pauls VI. grundgelegt worden waren – sollten dann in den beiden darauffolgenden Sessionen ihre konkrete Verwirklichung finden.

C. Die dritte Session

Die dritte Session war die entscheidende: auf dieser Session kam es zur „Wende“, vor allem durch die Verabschiedung der Konstitution über die Kirche. Eine der revolutionären Entscheidungen – bei der es daher auch die meisten Schwierigkeiten gegeben hat – betraf die Aussage über die Kollegialität der Bischöfe, der im letzten Moment die berühmte „Nota praevia“ als Interpretationshilfe angehängt wurde. Von wem kam die Initiative zu diesem Dokument, das viele Polemiken ausgelöst hat?

Zweifellos vom Sekretär des Konzils, Pericle Felici, auch wenn er alles getan hat, um uns zu überzeugen, daß er nichts damit zu tun hatte; daß die Mehrheit gegen die „Nota“ war, steht außer Zweifel.
Felici hatte die Möglichkeit, den Papst jeden Tag zu sehen. Zweifellos hat er dem Papst Befürchtungen vermittelt, welch negative Konsequenzen der Kirche aus der bischöflichen Kollegialität erwachsen könnten. Die römische theologische Schule, der Felici als früherer Professor der Lateran-Universität angehörte, war von jeher gegen diese Einrichtung.

Wie reagierte die Theologische Kommission (die den Text erarbeitet hatte, dem schon prinzipielle Zustimmung zuteil geworden war) auf die Einwände einiger Konzilsväter, die wegen der Frage der bischöflichen Kollegialität an die „höhere Autorität“ appellierten?

In der Kommission gab es Verwirrung wegen dieser unerwarteten Initiative, einige waren entschlossen, die „Nota“ nicht zu akzeptieren. Nach ausführlichen Diskussionen entschied man sich für das kleinere Übel: besser ein guter Text über die bischöfliche Kollegialität mit der „Nota praevia“ als Verzicht auf alles. Es war klar, daß ohne die „Nota“ alles ins Wasser gefallen wäre.

Stimmt es, daß Paul VI. persönliche Verbindung mit jedem einzelnen Kommissionsmitglied aufnahm, um dann die Kommission zu bitten, von sich aus Änderungen am Text über die bischöfliche Kollegialität vorzunehmen?

Das stimmt nicht, der Papst hat sich damals weder an mich noch an andere gewendet.

Stimmt es, daß sich die Kommission als ganze geweigert hat, den Wünschen Montinis nachzukommen?

Der Papst hat die Kommission nie einberufen, um eine solche Entscheidung zu treffen, daher konnte die Kommission auch nicht verweigern, was nicht von ihr verlangt worden war. Die „Nota praevia“ war eine Initiative des Generalsekretärs.

Da das einer der heikelsten Momente des Konzils war, den Sie als Mitglied der Theologischen Kommission von innen miterlebt haben, können Sie etwas über die verschiedenen Phasen dieser Entwicklung berichten, die von der Jesuitenzeitschrift „La Civiltà Cattolica“ dramatisch genannt worden sind?

Man kann ohne weiteres, wie es die „Civiltà Cattolica“ getan hat, von dramatischer Spannung reden – ein Klima, das damals in gewissem Sinn die ganze Session und damit auch die Arbeiten der Kommission beherrscht hat. Einer entschlossenen Mehrheit für die Kollegialität der Bischöfe stand eine ebenso entschlossene Minderheit gegenüber.

Stimmt es, daß Paul VI. persönlich die „Nota praevia" redigiert hat, nachdem er verschiedene Theologen konsultiert hatte? Was waren damals Ihre Empfindungen?

Ich hatte damals keine persönlichen Beziehungen zum Papst. Eines aber ist sicher: Während Johannes XXIII. alles vollständig dem Konzil überließ, spürte man, daß Paul VI. im Gegensatz dazu alles las und über die Konsequenzen nachdachte, die jedes Dokument für die Kirche haben konnte: das war sein Charakter. Ich möchte aber meine Überzeugung unterstreichen, daß die „Nota praevia" nicht aus seiner Feder kam, sondern aus der von Pericle Felici.

Es gab einen zweiten heiklen Augenblick in dieser Session: den Brief Felicis an Kardinal Bea, in dem mitgeteilt wurde, daß auf „höhere Anordnung" hin die Erklärung über die Juden – die wegen ihrer positiven Neuheit so viele Reaktionen ausgelöst hatte – von einer neuen Kommission (unter Einschluß von Mitgliedern der Theologischen Kommission) überprüft und daß die Kommission in Sachen Religionsfreiheit durch einige entschieden ablehnende Bischöfe ergänzt werden müsse. Von wem kam diese Initiative?

Das war eine Initiative einer der unseren entgegengesetzten Gruppe, die von Kardinal Ottaviani und anderen angeführt wurde.

Sie waren – zusammen mit sechzehn anderen Kardinälen – unter den Unterzeichnern eines Briefes an den

Papst, in dem die Besorgnis über das Vorgefallene zum Ausdruck kam. Wie entstand dieser Brief? Hat der Papst die Unterzeichner empfangen?

In einem Gespräch, das Alfrink, Döpfner, Frings, einige andere und ich über die Initiative Felicis als des Sprechers der Minderheit führten, reifte der Entschluß, sich direkt an den Papst zu wenden, um der Intervention der Minderheit entgegenzutreten und die Erklärung über die Juden zu befürworten. Alfrink, Döpfner und Frings wurden von Paul VI. empfangen, der ihnen versprach, sich in das Problem zu vertiefen, und darüber hinaus erkennen ließ, daß er nicht gegen unsere These war.

Die Angelegenheit fand ein positives Ende. Wie kam es dazu? Und warum gab es den Versuch, das, was sich tatsächlich ereignet hatte, abzuleugnen?

Es stimmt, die Angelegenheit fand einen für uns glücklichen Ausgang, weil der Papst – wie er angekündigt hatte – auf unserer Linie blieb. Die Spannung, die zwischen den beiden Gruppen herrschte, die man in vereinfachender Weise als „Progressive" und „Konservative" bezeichnen könnte, trug dazu bei, daß die „Konservativen" angesichts ihres fehlgeschlagenen Versuchs alles unternahmen, um die Divergenzen kleiner erscheinen zu lassen oder sie sogar zu verleugnen.

Ein anderes wichtiges Thema, das von dieser Session behandelt wurde, war die Religionsfreiheit. Nach einer Diskussion wurde der inzwischen von einer eigens eingesetzten Kommission erarbeitete neue Text nicht einmal einer Präliminarabstimmung unterzogen, obwohl mehr als vierhundert Konzilsväter den Papst um eine solche Abstimmung gebeten hatten. Warum wurde dieses wichtige Thema, obwohl es diskutiert worden war, auf die vierte Session verschoben? Warum gab es von seiten einiger soviel Feindseligkeit und Angst angesichts des Schemas über die Religionsfreiheit?

Der Grund waren die Zweifel, die der Text bei den italienischen, spanischen und portugiesischen Bischöfen ausgelöst hatte. Da in diesen Staaten aufgrund von Konkordatsvereinbarungen die katholische Religion Staatsreligion war, hatten die Bischöfe die Befürchtung, daß das Bekenntnis zur Religionsfreiheit diese Tatsache in Gefahr bringen könnte. Das war ein sehr europäischer Blickwinkel, der die Situation im Weltmaßstab außer acht ließ, wo die Religionsfreiheit – auch für die Katholiken – oft verteidigt oder gar erst gewonnen werden muß.

Zu den Erinnerungen an die dritte Session gehört auch der Beginn der Diskussion über das erwartete Schema 13 über die Beziehungen zwischen Kirche und Welt. Wie war die Atmosphäre in der Konzilsaula im Hinblick auf dieses Thema, und welche Vorurteile gab es gegen eine solche Erklärung?

Von seiten der üblichen Gruppe gab es die Furcht, daß die Debatte über dieses Thema zur Anpassung der Kirche an die Welt von heute führen und sich die katholische Lehre dabei in eine Gesellschaftstheorie auflösen könnte.

Waren Sie am Ende der dritten Session optimistischer, was den Erfolg des Konzils angeht?

Zweifellos; die dritte Session hat die Voraussetzungen für jene letzte Anstrengung gestärkt, mit der das Konzil dann auch die rosigsten Erwartungen übertreffen sollte.

Am Ende der zweiten Session wurde die Reise des Papstes ins Heilige Land angekündigt, am Ende der dritten Session die Reise nach Indien. Das waren Gesten, die eine Bestätigung der neuen Linie des Konzils darstellten: das Heilige Land als Einführung in die neue Auffassung von der Kirche, wie sie in dem in Vorbereitung befindlichen Schema dargestellt wurde, Indien als Anstoß in Richtung des Schema 13. Sehen Sie das auch so?

Ich bin einer Meinung mit Ihnen, was diese beiden grundlegenden Reisen Pauls VI. angeht. Diese Reisen haben zweifellos das Interesse der Welt am Konzil gestärkt.

Was taten Sie in der Zeitspanne zwischen dritter und vierter Session, in Vorbereitung auf die Beendigung des Konzils?

Gerade in diesem Zeitraum kündigte mir Paul VI. die Einrichtung des Sekretariats für die Nichtglaubenden an, wobei er mir gleichzeitig den Vorsitz des Sekretariats anbot.
Damals habe ich geantwortet: „Ich habe nicht die entsprechende Vorbereitung, aber ich würde mich für die nichtchristlichen Religionen interessieren." Darauf antwortete mir Paul VI., daß er für diesen Bereich schon Kardinal Marella gefunden hätte.
„Welche Aktivität könnte ich in diesem Sekretariat entfalten?" war meine Frage. „Usus docebit" (die Er-

fahrung wird das lehren), antwortete mir der Papst ohne Zögern. So habe ich gerade Ende 1964 begonnen, mich über die neue Aufgabe zu orientieren, die mich erwartete.

D. Die vierte Session

Die letzte Session des Konzils begann sofort mit der Behandlung der Erklärung über die Religionsfreiheit, dem einzigen der großen Konzils-Schemata, das – trotz dringender Forderungen in dieser Richtung – noch keiner grundsätzlichen Abstimmung unterworfen worden war. Die Vorgänge, die der dann am 21. September 1965 stattgefundenen Abstimmung vorausgingen, sind bekannt, die Abstimmung kam trotz gegenteiliger Meinungsäußerung des Konzils-Präsidiums auf ausdrücklichen Wunsch des Papstes zustande. Was war Ihr Beitrag, daß es zu dieser Abstimmung kommen konnte? Hatten Sie im Zeitraum zwischen dritter und vierter Session Begegnungen mit Kardinal Bea? Hatten Sie Gelegenheit, dem Papst Ihre Meinung zu unterbreiten?

Ich habe mehrmals in der Aula in dem Sinn gesprochen, daß die Abstimmung über das Religionsfreiheits-Schema zustandekommen muß und daß dieses Schema vor allem für die außereuropäischen und osteuropäischen Kirchen von höchster Wichtigkeit ist.

Der Papst hat mir bei verschiedenen Gelegenheiten angedeutet, daß er meine Konzils-Interventionen in dieser Sache aufmerksam verfolgt habe und meine darin dargelegte Auffassung teile. Paul VI. teilte durchaus nicht die Befürchtungen einiger Episkopate in bezug auf das Schema, er wünschte Diskussion und Abstimmung eines entsprechenden Dokuments durch das Konzil.

Der Papst stand unmittelbar vor seiner Reise nach New York, um vor dem Weltforum der UNO zu sprechen. Wollte er sich dort mit einem Votum des Konzils über ein so wichtiges Thema wie die Religionsfreiheit präsentieren?

Genau. Montini wollte vor den Repräsentanten fast aller Regierungen der Welt mit einer klaren Stellungnahme des Konzils zu einem Thema auftreten, das alle Gemeinwesen in der Welt betrifft.

Die erste der historisch gewordenen definitiven Abstimmungen dieser Session bezog sich auf die Annahme der Erklärung über die nichtchristlichen Religionen. In diese Erklärung war auch die Juden-Erklärung einbezogen, die einen schwierigen Weg hinter sich hatte – vor allem wegen der politischen Spekulationen, die sich um den Verzicht der katholischen Kirche auf die Bezeichnung „gottesmörderisch" für das jüdische Volk rankten. Um die Mißverständnisse auszuräumen, gab es verschiedene Initiativen des Sekretariats für die Einheit der Christen, darunter Ihren Besuch in Kairo im Dezember 1964. Was können Sie über die Einzelheiten dieser Reise, über ihre Inhalte und Ergebnisse berichten?

Ich muß etwas vorausschicken: Die Christen der arabischen Länder hatten mehrmals darauf bestanden, daß sich das Konzil nicht mit den Juden be-

schäftige; deshalb war die von Ihnen zitierte Abstimmung immer wieder verschoben worden.
Meine Reise nach Kairo hatte aber mit dieser delikaten Situation nichts zu tun, sie entsprach einer dringenden Einladung des ägyptischen Botschafters in Wien.
Ich habe zunächst geglaubt, daß es sich um eine reine Höflichkeitseinladung handelt, dann gewann ich aber die Überzeugung, daß die Sache ernst gemeint war. So entschloß ich mich, anzunehmen. Der Botschafter, der von meiner Teilnahme am Eucharistischen Weltkongreß in Indien erfahren hatte, schlug mir vor, auf dem Rückweg in Kairo Station zu machen. Das tat ich dann auch, nachdem mich Paul VI. dazu ermutigt hatte. Daß ich in Bombay einen Dialog der Weltreligionen zu leiten hatte, an dem Parsen, Hindus, Buddhisten und Muslime teilnahmen, schuf eine zusätzliche Voraussetzung für die Reise nach Kairo.
Auf dem Flug von Bombay nach Kairo quälte mich der Gedanke, wie ich mich verhalten sollte, wenn man mir – was mit ziemlicher Wahrscheinlichkeit anzunehmen war – eine arabische Erklärung zur jüdischen Frage vorlegen sollte oder die Journalisten ihre Fragen stellen würden. Aber es geschah nichts in dieser Richtung. Ich war Gast der Regierung (ich weiß bis heute nicht, warum); ich habe die berühmte Al Azhar-Universität besucht. Der Rektor lud mich ein, einen Vortrag zu halten. Ich versprach, noch einmal nach Kairo zu kommen. Der ägyptische Botschafter in Wien erinnerte mich sehr bald an dieses Versprechen, und so fuhr ich ein zweites Mal nach Ägypten.

Das Thema meines Vortrags lautete: die Idee Gottes in der christlichen und in der muslimischen Religion. Es war das erste Mal, daß ein Kardinal der katholischen Kirche an einer muslimischen Universität sprach. Das Auditorium war überfüllt, die Reaktionen waren alle positiv, wie ich am nächsten Morgen bei der Lektüre der Zeitungen vor meinem Abflug nach Rom feststellen konnte: es gab Überschriften in Balkenlettern und viele Kommentare. Mein Vortrag hatte mit der Feststellung geendet: „Wir sind beide Monotheisten; wir müssen die gegenseitige Achtung fördern, wir haben einen gemeinsamen Feind, den Atheismus."
Diese Formulierung beeindruckte die Versammlung sehr, von diesem Augenblick an wurde ich als Freund der Muslime betrachtet. Nicht nur war die jüdische Frage nicht im mindesten berührt worden, die positive Reaktion auf meinen Vortrag übertraf alle Voraussagen, selbst Paul VI. war beeindruckt.

Die zweite definitive Abstimmung betraf die Erklärung über die Religionsfreiheit. Es war das Konzilsdokument mit der schwierigsten Vorgeschichte: Ständig wurden die Entwürfe in die Kommissionen zur Umarbeitung zurückverwiesen, es gab ungezählte Versuche, dem federführenden Sekretariat für die Einheit der Christen die Kompetenz zu entziehen, es gab Anstrengungen aller Art, um die Präliminar-Abstimmung zu verhindern, so daß die Erklärung das einzige Konzilsdokument war, über das nur einmal abgestimmt wurde – bei der Schlußabstimmung während der letzten Session. In der zweiten Session hatte man beschlossen, die Überarbeitung zwar weiterhin dem Sekretariat an-

zuvertrauen, das aber zu diesem Zweck um einige Mitglieder anderer Kommissionen verstärkt wurde. Der überarbeitete Text wurde der Theologischen Kommission vorgelegt, in der Sie Mitglied waren. Gab es in der Kommission Widerstände gegen die Annahme des Dokuments?

Wie schon gesagt, gab es Widerstände von seiten jener Gruppe, die einen Verlust von Werten, von Sicherheiten befürchtete. Heute kann man diese Befürchtungen angesichts eines gewissen herrschenden Säkularismus, einer negativen Auffassung von Freiheit fast verstehen.
Auf jeden Fall wurde die Erklärung über die Religionsfreiheit zu einem Dokument von großer Bedeutung: Zum ersten Mal erklärte die katholische Kirche offiziell ihre Achtung vor den anderen Religionen; so zerstreute sie den Verdacht, daß Rom ein Vorurteil gegen die anderen Religionen habe. In diesem Sinn sollten die drei Sekretariate – für die Einheit der Christen, für die Nichtchristen und für die Nichtglaubenden – zu den wichtigsten Instrumenten für die Zukunft der Kirche werden.

Die dritte Abstimmung betraf die Konstitution „Gaudium et spes" über die Kirche in der Welt von heute. Sie drückte dem Konzil ein Siegel auf. Es war das einzige Dokument, das Johannes XXIII. ausdrücklich gewollt hatte, wie Kardinal Garrone, einer der Relatoren, sagte. Sie wurden dazu berufen, die Unterkommission für die Überarbeitung des Atheismus-Kapitels zu leiten, in dieser Kommission taten auch Šeper, de Lubac und Daniélou mit. Wie wurde die Arbeit aufgebaut, und welche Schwierigkeiten gab es dabei?

Auch in diesem Fall bildeten sich zwei Positionen: die erste tendierte zu einer einfachen Verurteilung des Atheismus; die zweite dagegen wünschte herauszustellen, daß die Kirche die Evolution des modernen Atheismus versteht, gleichzeitig sollte jeder politische Akzent vermieden, aber trotzdem die Unvereinbarkeit zwischen Kirche und Atheismus unterstrichcn werden. Bei der Arbeit mit den Salesianern, vor allem mit Giulio Girardi, war es unsere Absicht, die Motive des Atheismus und seine verschiedenen Formen zu erklären, aber auch zum Verständnis dafür zu verhelfen, daß oft die Katholiken selbst und ihre Lebensführung die Wurzel des Atheismus sind.

In den letzten Tagen des Konzils gab es Versuche, in den Text eine Verurteilung des atheistischen Kommunismus einzufügen. Die Initiative ging, wie man weiß, auf die Gruppe Lefebvres zurück. Die Kommission für die Glaubenslehre wurde beschuldigt, die Vorlage von Zusatzanträgen in diesem Sinn verhindert zu haben. Sie waren doch Mitglied der gemischten Kommission für das Schema, können Sie den wahren Sachverhalt darlegen?

Die Initiative ging nicht nur von Lefebvre aus, sondern auch vom damaligen Bischof von Segni, Carli. Beide waren der Auffassung, daß sich das Konzil nicht mit dem Atheismus beschäftigen könne, ohne den Kommunismus zu verurteilen. Wir stellten damals fest, daß der Kommunismus eine rein politische Frage sei, während der Atheismus die Gesellschaft betreffe. Da es das Konzil prinzipiell vermieden hatte, politische Fragen anzuschneiden, sei es nicht angebracht, eine solche Verurteilung in den

Text einzubauen. Die Mehrheit der Konzilsversammlung machte sich unsere These zu eigen.

Am letzten Tag des Konzils saßen Sie neben Kardinal Bea, der die Bulle verlas, mit der die Bannflüche aufgehoben wurden, die zur Trennung zwischen Rom und Konstantinopel geführt hatten. Was sagte Ihnen Metropolit Meliton, als er Sie umarmte? Und was sagte Paul VI. zu ihm? Was sagte der Papst zu Ihnen, als die Messe zum Abschluß des Konzils beendet war?

Der Papst sagte zu mir: „Es handelt sich zweifellos um ein historisches Ereignis." Er war sehr bewegt, als er Meliton umarmte. Ich gratulierte dem Papst zu diesem Ereignis, das – wie Sie wissen – von der Konzilsversammlung mit großem und langandauerndem Applaus aufgenommen wurde. Es war ein weiterer Schritt zur Einheit zwischen katholischer und orthodoxer Kirche. Vor kurzem habe ich den Direktor der Orthodoxen Akademie auf Kreta, der in Wien zu Besuch war und mit dem ich in großer Freundschaft verbunden bin, darauf hingewiesen, daß diese Einheit schon so weit geht, daß sich die Theologen schwertun, das Unterscheidende zu finden. Er hat dem voll zugestimmt.
1961 hatte mich Johannes XXIII. gebeten, den Patriarchen von Konstantinopel zu besuchen und ihm die Grüße des Papstes zu überbringen. Ich war der erste Kardinal, der Patriarch Athenagoras besucht hat. An der Schwelle des Patriarchats sagte Athenagoras damals zu mir: „Ich hätte nie geglaubt, daß ein junger Kardinal bis hierher kommen würde. Ich hatte einen greisen Purpurträger erwartet." Es war eine unvergeßliche Begegnung. Athenagoras hat mich

dann auch in Wien besucht, wohin er zur ärztlichen Behandlung reisen mußte.
Vor allem um die Begegnung mit dem christlichen Osten zu stärken, haben wir in Wien die Stiftung „Pro Oriente“ gegründet. „Pro Oriente“ macht sich die geographische und historische Position Wiens zunutze; das erlaubt Initiativen, die in Rom nicht so leicht möglich wären.

Was hat Ihnen das Konzil vom menschlichen Standpunkt her gegeben?

Das Konzil hat das Antlitz der Kirche wahrhaft erneuert, es hat die Tore zur modernen Welt aufgestoßen, es hat viele Vorurteile zu Fall gebracht. Ich kehrte überaus zufrieden nach Wien zurück. Denn es war etwas verwirklicht worden, das zunächst unmöglich schien. Das war das Verdienst Johannes' XXIII., aber auch das Pauls VI., der schon vor seiner Wahl den Kardinälen eindringlich die Notwendigkeit vor Augen gestellt hatte, den Weg Johannes' weiterzugehen.

Haben die Ergebnisse des Konzils die Erwartungen übertroffen?

Die Ergebnisse haben die Erwartungen sogar außerordentlich übertroffen.

Wie beurteilen Sie den Dienst, den die internationale Presse geleistet hat? Die Presse hat ja zum ersten Mal in der Geschichte der Kirche ein religiöses Ereignis in so umfassender Weise begleitet.

Auch das war ein außerordentliches und unerwartetes Ereignis: Noch nie hatte die Kirche in der internationalen Presse so viel Bedeutung erhalten – auch wenn nicht alle Kommentare sachkundig und richtig waren.

E. Ein Rückblick von heute auf das Konzil

In Ihrer ersten Intervention zu Schema 13 haben Sie richtigerweise festgestellt: „In der Darstellung des Inhalts, insbesondere aber in der Analyse der menschlichen Situation in der modernen Welt, muß dem Schema ein möglichst dauerhafter und bleibender Wert gesichert werden, daher sollte man vermeiden, es zu sehr an veränderlichen und vorübergehenden Faktoren zu verankern." Glauben Sie heute – mehr als zwanzig Jahre nach dem Ende des Konzils –, daß sich die Kirchenversammlung – vor allem bei den großen Entschließungen über die Kirche, über die Religionsfreiheit, über den Ökumenismus, über die Kirche in der modernen Welt – an diese Linie gehalten hat?

Im wesentlichen würde ich darauf mit Ja antworten. Ehrlich und objektiv betrachtet, läßt sich nicht leugnen, daß die essentiellen Beschlüsse des Konzils auch heute noch aktuell sind – auch wenn gewisse Bewegungen, denen es an Geduld fehlt, nur das herausstellen, was fehlt, die ganze positive Seite aber vernachlässigen. Sicher war der Widerstand, der sich in deutlicher Weise in der Versammlung gezeigt hat, als das Konzil begann, die großen Themen (die sowohl die Reform der Kirche als auch ihr neues Verhältnis zur Geschichte betrafen) in voller Autonomie gegenüber den Plänen der Zentralbehörden anzugehen, Zeichen einer gewissen Ghetto-Mentalität, die

noch auf der Kirche lastete. Diese Mentalität, die sich immer weiter von der Realität entfernt hatte, war immer mehr zur Ursache von Krisen und Gewissenszweifeln geworden.
Ich bin in einer Schule aufgewachsen und erzogen worden, die für den Respekt vor dem anderen und für den Wert des menschlichen Zusammenlebens über alle ideologischen Divergenzen hinweg offen war. So konnte ich angesichts gewisser Widerstände beim Konzil die Herkunft jener Kommunikationsunfähigkeit feststellen, die zu einem echten Gegensatz zwischen Kirche und moderner Welt nach der französischen Revolution geführt hat.

Wie würde die Kirche heute aussehen, wenn es das Zweite Vatikanische Konzil nicht gegeben hätte?

Das wäre eine wahre Katastrophe gewesen. Mehr als zwanzig Jahre nach Beendigung des Konzils muß ich feststellen, daß damals der Heilige Geist sichtbar am Werk war. Es war die gleiche Empfindung, wie sie viele Kardinäle nach dem letzten Konklave hatten – angesichts der Unschlüssigkeit, die viele im Hinblick auf die Wahl des „Papstes aus dem Osten" (des ersten Nichtitalieners nach mehr als einem halben Jahrtausend) befallen hatte. „Was werden wir jetzt tun?" das war die Frage. Aber viele sagten mir damals: „Wir haben bei dieser Wahl den Einfluß des Heiligen Geistes gespürt."

In Ihrer Intervention zum Schema über die Kirche haben Sie in der zweiten Session im Hinblick auf die Kollegialität der Bischöfe festgestellt: „Es scheint mir zweckmäßig, daß in diesem Schema etwas über die in-

ternationale Zusammenarbeit der Bischöfe und über die Art und Weise gesagt wird, wie alle Bischöfe zusammen und unter dem römischen Papst an der Leitung der universalen Kirche mitwirken können." Die Kollegialität der Bischöfe ist vom Konzil beschlossen worden, aber es fehlt die Konkretisierung, die Sie damals verlangt haben. Könnte diese Konkretisierung nicht von einer eigenen Bischofssynode überlegt und durchgeführt werden, da die Synode bisher doch die einzige Einrichtung ist, in der die Kollegialität zum Ausdruck kommt?

Die Konkretisierung der Kollegialität bleibt nach wie vor die eigentliche Schwierigkeit. Angesichts der Realität einer Kirche, die nicht mehr nur europäisch, sondern wirklich international ist, angesichts der neuen Mentalitäten und Kulturen, die von den Bischöfen der jungen Kirchen repräsentiert werden, und damit der Ausweitung der Diskussion, stellt sich die Notwendigkeit einer endgültigen Entscheidung noch viel drängender. Es ist schwierig, in diesem Umfeld den effizienten Mechanismus einer kollegialen Leitung zu finden. Wie können die von einer Synode ausgesprochenen Voten in die Leitung der Kirche umgesetzt werden? Das bleibt das Problem, für das aber eine Lösung gefunden werden muß.

Könnte nicht die Synode selbst ein Dokument, in dem die Tragweite der Diskussion widergespiegelt wird, abstimmen und verabschieden, statt das dem Papst zu überlassen?

Sie haben Recht: In diesem Zusammenhang kann ich Ihnen sagen, daß der Papst sicher keine Angst hat, die Bischöfe am Wort zu lassen.

Was hat sich in Ihrer Art, Bischof zu sein, nach dem Konzil geändert?

Das Konzil hat mich machtvoll in die Realität der Weltkirche versetzt.
Ich war Erzbischof von Wien, einer großen Diözese, aber gleichzeitig hat mich die nachkonziliare Situation auch zu Vorträgen, Diskussionen und Reisen als Verantwortlichen einer Einrichtung der kirchlichen Zentralverwaltung, des Sekretariats für die Nichtglaubenden, gezwungen. All das hat mich in eigener Person die radikale Veränderung der Kirche in aller Welt feststellen lassen – und das war eine großartige Erfahrung. Ich habe aber dabei auch die Überzeugung gewonnen, daß jede Ortskirche auf die Weltebene schauen muß, um die Lösung ihrer besonderen Probleme angehen zu können.

Das Konzil hat den Laien in der Kirche wiederentdeckt. Aber scheint es Ihnen nicht auch so, daß diese Wiederentdeckung dem Laien keinen festen Platz in der Institution Kirche wiedergegeben hat?

Man muß sich vor allem vor Augen halten, daß Papst, Bischöfe, Priester, Ordensleute und Laien einem Volk angehören – dem Volk Gottes – und daß die Hierarchie dem Volk Gottes dienen muß.
Was noch fehlt, ist die konkrete „Übersetzung" der eigenständigen Rolle des Laien in der Kirche. Wir brauchen eine aktive Laienschaft, die redet und handelt, ohne auf das Wort des Bischofs oder des Papstes zu warten. Die Zukunft der Kirche liegt auch in den Händen der Laien, vielleicht noch mehr als in den Händen des Klerus.

3. KAPITEL
Die Bischofssynode

Vor dem Ende des Konzils hatte Paul VI. die Einrichtung der Bischofssynode angekündigt – als ersten konkreten Ausdruck der Kollegialität; eine Verlängerung des Konzils, meinte ein Theologe damals. Der Synode wurde aber gleich nur konsultativer Charakter zugeschrieben. Tatsächlich gab es den Versuch, die Synode als Mittel einer restriktiven Auslegung des Konzils einzusetzen. Das geschah sowohl durch die Art und Weise, mit der die verschiedenen Synodenthemen vor allem lehramtlicher Natur in die Diskussion eingeführt wurden, als auch durch die versuchte absolute Geheimhaltung.
Was ist Ihre Meinung?

Zweifellos wollte Paul VI. durch die Synode die Kollegialität verwirklichen. Aber es gab im vatikanischen Bereich auch Stimmen, die ihrer Befürchtung Ausdruck gaben, man könnte so bei einer „demokratischen" Kirchenregierung landen, wie im Protestantismus. Sicher ist es notwendig, das Gefühl der Verantwortlichkeit zu stärken, um die Einheit in der Vielfalt zu entwickeln. Aber gleichzeitig darf man nicht das Vertrauen verlieren, daß Christus Herr seiner Kirche bleibt.

Hat Paul VI. mit Ihnen über die Hoffnungen und Absichten gesprochen, die er mit der Synode verband?

Ja, er hat gelegentlich mit mir darüber geredet, jedesmal mit unterschiedlichen bedeutsamen Andeutungen. Seine Hoffnung war, daß sich die Synode nach einer Zeit der ersten Erfahrungen zu einem Organismus entwickeln würde, der sich nicht nur darauf beschränkt, dem Papst Ratschläge zu geben, sondern ihm auch bei der Leitung der Kirche hilft.

Wieso wurden in diesem neugegründeten Organismus sofort so viele Themen angegangen, die noch dazu innerhalb eines Monats diskutiert werden mußten, und all das kaum mehr als ein Jahr nach Beendigung des Konzils, das doch schon die Reformlinien für all diese Themen entworfen hatte? Gab es da nicht objektiv gesehen von seiten der damals auch im Zentrum der Kirche noch verbreiteten konzilsfeindlichen Strömungen den Versuch, das Konzil seiner innersten Bedeutung zu entleeren?*

* Die erste Ordentliche Bischofssynode fand statt vom 30. 9.–29. 10. 1967; die Tagesordnungspunkte lauteten: „Revision des Kirchenrechts“; „Liturgiereform“; „Mischehen“; „Ausbildung der Seminaristen“; „Probleme über einige irrtümliche Meinungen in Glaubenssachen in Verbindung mit dem Problem des Atheismus“.
Vom 10. 10.–27. 10. 1969 fand eine Außerordentliche Synode statt, die sich mit der Zusammenarbeit zwischen dem Heiligen Stuhl und den Bischofskonferenzen und dieser Konferenzen untereinander befaßte.
Daten und Themen der weiteren Synoden:
Ordentl. Bischofssynode 30. 9.–6. 11. 1971: „Der priesterliche Dienst“; „Die Gerechtigkeit in der Welt“.
Ordentl. Bischofssynode 27. 9.–26. 10. 1974: „Evangelisierung in der heutigen Welt“.
Ordentl. Bischofssynode 30. 9.–29. 10 1977: „Die Katechese unter besonderer Berücksichtigung der Kinder- und Jugendkatechese“.
Ordentl. Bischofssynode 26. 9.–26. 10. 1980: „Die Aufgabe der christlichen Familie in der Welt von heute“.
Ordentl. Bischofssynode 29. 9.–30. 10. 1983: „Versöhnung und Buße in der Sendung der Kirche“.
Außerordentliche Bischofssynode 25. 11.–8. 12. 1985: „Zwanzig Jahre nach dem Zweiten Vatikanischen Konzil“. (Anm. d. Übers.)

Man muß sich immer das nicht leicht lösbare Problem vor Augen halten, daß es auf der einen Seite die bischöfliche Kollegialität gibt, einen Organismus, der nicht nur diskutiert, sondern auch ein Instrument der Leitung der Kirche darstellt, und auf der anderen Seite den Primat als Zeichen, Wirkung und Dienst der Einheit. Es gab zu Beginn keine Lösung – und es gibt sie bis heute noch nicht –, die diese beiden Aspekte, diese beiden Wirklichkeiten der Leitung der Kirche in konkreter Weise harmonisiert.

Die völlig negative Relation von Kardinal Browne, der nach einem Konzil, das Verurteilungen bewußt vermieden hatte, sofort wieder solche Verurteilungen anstrebte, unterstrich die von mir in der Vorfrage formulierte Tendenz. Warum haben Sie, als Kurienverantwortlicher für die Beziehungen zu den Nichtglaubenden und damit auch für das Studium des Atheimus, bei der Synode zu diesem Thema nicht das Wort ergriffen?

Ich muß Ihnen gestehen, daß ich die Absicht hatte, das Wort zu ergreifen. Aber dann habe ich angesichts des absolut nicht dialogischen Diskussionsklimas darauf verzichtet. Ich hatte den Eindruck einer geschlossenen Gesellschaft, wo alles schon vorgeplant war. Daher habe ich es vorgezogen zu schweigen. Zweifellos setzte die Konzilsminderheit weiterhin ihre ganze Macht ein, um das kurz davor abgeschlossene Konzil auszuhöhlen.

Die Konzilsmehrheit war ohne Zweifel wachsam, sie hat ihren Einfluß bei der Synode eingesetzt, der Trend zu neuerlichen Verurteilungen wurde zurückgewiesen. Die Anwesenheit Pauls VI. in der Aula war dafür in gewissem Sinn eine Garantie, die Synode wurde in positiver Weise zu Ende gebracht. Aber waren es nicht in erster Linie rein akademische Diskussionen?

Es handelte sich um den ersten Versuch einer Synode, niemand wußte, wie ein solcher Organismus tatsächlich funktionieren noch wozu er dienen sollte. Auf der Versammlung lastete jene Atmosphäre der Furcht, von der ich Ihnen erzählt habe, einer Furcht kurialer Herkunft. In diesem Klima blieb alles sehr akademisch: bei der Synode wurde viel geredet, aber nichts beschlossen. Es war, wie gesagt, ein erster Versuch.

Welchen Eindruck hatte Paul VI. von diesem ersten Experiment? Hatten Sie Gelegenheit zum Gedankenaustausch mit ihm über dieses Thema? Könnte die fast unmittelbar folgende Einberufung einer Außerordentlichen Synode, die über ein zentrales Thema wie das der Kollegialität diskutieren und entscheiden sollte, nicht ein Zeichen der Entschlossenheit des Papstes sein, die Ziele des neuen Organs endgültig zu definieren? Gerade auch, weil die erste Erfahrung gezeigt hatte, daß dieses Organ in Gefahr war, rein „akademisch" zu bleiben?

Paul VI. hat sofort versucht, die erste negative Erfahrung der Synode zu korrigieren. Deshalb berief er in kurzer Frist eine Außerordentliche Synode ein, die den Mechanismus der Kollegialität vertiefen und nach Möglichkeit konkret aufbauen sollte.

Bei der ersten Synode unterstrich Paul VI. den konsul-

tativen Charakter dieser Einrichtung. Bei der Eröffnungspredigt der Außerordentlichen Synode von 1969 – die einen offenherzigeren Eindruck machte – sprach der Papst von der „Ausübung der Kollegialität", die „in anderen kanonischen Formen reicher entwickelt werden könnte", von der Kollegialität als „organischerer Anteilnahme und solidarischerer Verantwortlichkeit an der Regierung der Weltkirche". Wieso entsprachen bei den Beratungen der Synode dieser Linie keine angemessenen Reformen?

Das beweist, daß die Synode der vom Papst unter Beweis gestellten großen Offenheit und Freiheit keine Antwort im gleichen Sinn entgegenzusetzen wußte. Denn der „Geburtsfehler" dieses Organismus verhinderte, daß es zu konkreten Beschlüssen kam.

Diese Außerordentliche Synode war eine der lebhaftesten; und eine jener Synoden, die sich am intensivsten bemühte, zu konkreten Lösungen zu kommen. Lebendige Voraussetzung dafür war das explosive Interview, das Kardinal Suenens den „Informations Catholiques Internationales" gegeben hatte; dieses Interview entsprang dem Bedürfnis nach Anwendung des Konzils angesichts einer gewissen Stockung im Zentrum der Weltkirche.
Haben Sie über dieses Interview mit dem damaligen Erzbischof von Brüssel diskutiert?

Das Interview war ein spontaner Akt Suenens'; wir haben zuvor nicht darüber gesprochen.

Bei der Synode traten wieder die beiden Thesen über die Kollegialität zutage: Es gab Stimmen, die sich für eine juridische Anerkennung des Bischofskollegiums in seiner Autonomie, wenn auch zusammen mit und unter dem Papst, aussprachen; und es gab andere, die im Bischofskollegium eine Art Kronrat sehen wollten. Es kristallisierte sich dann der Eindruck heraus, daß auf eine sehr hochstehende Diskussion unbefriedigende Lösungen folgten. Was denken Sie darüber? Hatte Paul VI. vielleicht einen negativen Eindruck von der Gegensätzlichkeit der beiden Thesen, wurde er dadurch bewogen, jede Entscheidung an das Ergebnis tiefergehender Studien zu binden?

Die Gegensätzlichkeit der beiden Thesen war sehr stark, Paul VI. war davon tief betroffen. Aber ich möchte noch einmal sagen, daß der Mangel an konkreten Beschlüssen mehr von den inneren Fehlern des Organismus abhing als vom Willen des Papstes, der sich im Gegenteil äußerst offen und disponibel zeigte.

Zweifellos bedeutete die Außerordentliche Synode einen Schritt vorwärts – sowohl, was die Qualität der Diskussion betrifft als auch die Beziehungen zur Presse, der entsprechende Informationen zugänglich gemacht wurden. Warum gibt es in der Kirche immer diese Art von Angst vor den Medien?

Die von Paul VI. bewirkte Öffnung der Synode für die Presse war ein revolutionärer Akt. Es war ein weiterer Schlag gegen jene tiefsitzende Furcht in der Institution Kirche, die dazu neigt, alles abzuschließen und zuzudecken und der Auseinandersetzung auszuweichen. Vor dem Konzil war das die herrschende Atmosphäre; sie dauerte bis in die erste Konzilssession an. Letztlich war diese Atmosphäre

Konsequenz der im 19. Jahrhundert getroffenen Entscheidungen, als sich die Kirche als „feste Burg" mit hohen Mauern sah, um sich gegen den „Feind", die Welt, die Geschichte, die sie hätten vergiften können, entsprechend abzuschirmen. Das Konzil hat diese Auffassung überwunden und die Mauern geöffnet. Der Übergang von der einen zur anderen Auffassung war hart. Es gab nach wie vor Leute, die diese Öffnung nicht akzeptieren und ihr Widerstand leisten wollten, zumindest trachteten sie danach, die „Eingänge" nicht zu groß zu machen.

Bei der Außerordentlichen Synode wurde auch der Vorschlag einer möglichen Beteiligung der Synode an der Papstwahl sowie des Ausschlusses der Kardinäle jenseits der Altersgrenze behandelt. Wie war die tatsächliche Haltung der Versammlung zu diesem Vorschlag, einem Vorschlag, den Sie in einem Interview ja nicht von vornherein ablehnen wollten? Der Papst akzeptierte den Vorschlag zwar nicht zur Gänze. Aber könnte man nicht eine Verbindung zwischen diesem Vorschlag und der Apostolischen Konstitution „Romano Pontifici eligendo" sehen, mit der Paul VI. die Vorgangsweise bei der Papstwahl reformierte und die bei den beiden Konklaven des Jahres 1978 Anwendung gefunden hat?

Sicher war ich nicht von vornherein gegen eine Erweiterung des Konklave-Teilnehmerkreises. Aber die praktische Erfahrung der drei Konklaves, an denen ich teilgenommen habe, vor allem jene von 1978, haben mich in dieser Angelegenheit vorsichtiger gemacht. Theoretisch gesehen wäre es sicher wünschenswert, das Wahlkollegium für die Papstwahl zu erweitern, in der Praxis würde das aber so viele Diskussionen über die konkreten Entscheidungen auslösen, daß ich es für opportun halte, das gegenwärtige System beizubehalten. In der Tat sind ja die Kardinäle für die ganze Kirche ziemlich repräsentativ; sie verfügen auch über die entsprechenden Informationen, wie die beiden letzten Konklaves deutlich gezeigt haben. Was die Reform Pauls VI. betrifft, habe ich im Zusammenhang mit der Ausschließung der Kardinäle, die älter als achtzig sind, erfahren, daß sich der Papst dabei einen Vorschlag Kardinal Suenens' zu eigen gemacht hatte. Dieser Vorschlag entsprang der in antiklerikalen Kreisen verbreiteten Meinung, beim Konklave handle es sich um ein „Kollegium der Greise". Ich finde die von Paul VI. eingeführte Reform berechtigt.

Während der Außerordentlichen Synode fand in Rom die Konferenz der Mitglieder der Priester-Solidaritätsgruppen statt. Hatten Sie damals Gelegenheit, einige von ihnen zu treffen?

Ja, ich habe einige getroffen; ich wollte einen Beitrag leisten, um extremistische Strömungen abzufangen, die es sozusagen als natürliche Konsequenz nach jedem Konzil gibt, denn in Konzilszeiten glauben sich viele berechtigt, Vorschläge aller Art vorzubringen. Zunächst scheint es, als wäre die Kirche durch diese Vorgänge tief getroffen, aber das geht alles vorbei. Heute stellen wir fest, daß eine zweifellos notwendige Ordnung wiederhergestellt ist, ohne die berechtigte persönliche Freiheit zu verletzen. In jedem Fall muß man viel Geduld haben.

Nach der Erfahrung der Außerordentlichen Synode zeigten Diskussion und Schlußerklärungen der Synode von 1971 – trotz der Bedeutung der gewählten Themen „Priestertum" und „Gerechtigkeit" – keinen Fortschritt. Im Gegenteil, es zeigte sich die ganze Krise der Synode, die sich in weitschweifigen Diskussionen verlor. Ebenso wurde in den Schlußdokumenten eher die Theorie unterstrichen als deren Einfluß auf die Alltagsrealität aufgezeigt. Warum? Bei dieser Synode zeigte sich zudem der innere Gegensatz dieser Einrichtung der Kollegialität. Wie am Vorabend der Außerordentlichen Synode das Dokument über die Reform des Nuntiaturwesens herausgekommen war – ein Thema, das mit der bischöflichen Kollegialität sehr eng zusammenhängt –, so unterstrich der Papst am Vorabend dieser Synode seine Haltung zum Zölibat. Ist das nicht eine Methode, die diese Einrichtung ihres Sinns entleert? Müßte diese Einrichtung dementsprechend nicht substantiell reformiert werden?

Was ich im Zusammenhang mit dieser Synode unterstreichen möchte, ist gerade die Frage des Zölibats. Damals verlangte der Papst von der Versammlung ein entscheidendes Votum, an das er sich halten wollte. Wenn sich also die Mehrheit der Versammlung für die Abschaffung des Zölibats ausgesprochen hätte, hätte Paul VI. entsprechend gehandelt, er hätte den verpflichtenden Zölibat der Priester abgeschafft und die Möglichkeit der Heirat für Priester eingeführt. Ich teile im übrigen Ihre These, daß die Diskussionen der Versammlung über den Zölibat sehr theoretisch und weitschweifig waren, fern von jeder Verbindung mit der Wirklichkeit.

Sie waren Präsident der Synode von 1974 mit dem Thema „Evangelisierung", die als die bisher wichtigste und interessanteste angesehen wird. Es war das erste Mal seit „Gaudium et spes", daß die Bischöfe ein solches Thema angingen. Die Diskussion war breit angelegt und lebhaft, trotzdem gelang es am Schluß nicht, sich auf ein der Tragweite dieser Synode angemessenes Dokument zu einigen – obwohl die Synode das gewünscht hatte. In diesem Zusammenhang gab es viele Polemiken.
Warum hat Ihrer Ansicht nach die Synode das letzten Endes von Kardinal Wojtyla ausgearbeitete Dokument zurückgewiesen, das – wie er selbst betont hatte – eine Synthese zwischen den Thesen der beiden Sondersekretäre Grasso und Amolarpavadass darstellte?

Die hauptsächliche Schwierigkeit waren nicht die Argumente, sondern die fehlende Zeit, um zu einem für die ganze Versammlung akzeptablen Dokument zu gelangen. Ich erinnere mich, daß der Entwurf Kardinal Wojtylas deutlich eine umfassende pastorale Erfahrung durchscheinen ließ. Es war ein zweifellos interessantes, aber etwas umfangreiches und zu sehr eine scharf konturierte Persönlichkeit widerspiegelndes Dokument. Zusammenfassend würde ich sagen, daß es mehr eine persönliche These dargestellt hat als die einer Kommission. Deshalb wurde es von der Synodenversammlung zurückgewiesen.

Nach dem negativen Abstimmungsergebnis waren viele der Ansicht, daß man trotzdem nicht von einem Mißerfolg sprechen könne, weil ein Abschlußdokument der Synode nicht unbedingt notwendig sei. Ist das aber nicht ein Motiv, das die Wolken über dem Ausgang der Synode noch verdüstert? Auch wenn es nicht notwendig gewesen wäre, die Versammlung hatte sich für diesen Weg entschieden. Was ist Ihre Meinung dazu? Wie war die Reaktion des Papstes auf das Abstimmungsergebnis?

Der Papst hat die Schwierigkeiten der Versammlung, die vor allem mit dem Mangel an Zeit zur Ausarbeitung von entsprechenden Beschlüssen verbunden waren, gut verstanden. Er hat der Sache nicht viel Gewicht beigemessen.

Warum hat man nach dem negativen Abstimmungsergebnis, statt lange über die Vorgangsweise zu diskutieren, nicht den Vorschlag Wojtylas angenommen, von jenen, die an dem zurückgewiesenen Dokument mitgearbeitet hatten, eine neue Schlußbotschaft entwerfen zu lassen? Das wäre eine der Abstimmung unterworfene Schlußbotschaft gewesen und nicht ein Dokument, wie es dann tatsächlich publiziert wurde.

Die Wahrheit ist, daß die Synode nach der negativen Abstimmung es vorgezogen hat, ohne irgendein Abschlußdokument auseinanderzugehen und sich auf den Papst zu verlassen.

„Evangelii nuntiandi" ist zweifellos das Dokument, das die von Ihnen geleitete Synode am besten charakterisiert. Stimmt es, daß zusammen mit Paul VI. auch Kardinal Wojtyla intensiv daran mitgearbeitet hat?

Ich kann das nur bestätigen. Es ist bekannt, daß Kardinal Wojtyla auf ausdrücklichen Wunsch Pauls VI.

der Autor von „Evangelii nuntiandi“ war, einem Dokument, das der Papst natürlich revidierte und korrigierte, wie es bei ihm Brauch war. Sicher konnte sich damals niemand vorstellen, daß der Erzbischof von Krakau ein Nachfolger Pauls VI. werden würde.

Bei einem Gesamtüberblick über Ihre Synodenerfahrung, welche Reformen würden Sie da für diese Einrichtung, die doch immer mehr zum Ausdruck der bischöflichen Kollegialität wird, als vordringlich ansehen?

Es ist sehr wichtig, daß die Einrichtung der Synode gestärkt und fortgesetzt wird, weil es notwendig ist, daß die Kollegialität in der Leitung der Kirche vertieft wird – und die höchste Ausdrucksform dieser Kollegialität ist heute die Synode. Ich wüßte heute kein anderes Instrument, das die bischöfliche Kollegialität ausdrücken kann. In zweiter Linie ist die Wahl des Themas entscheidend. Ein Zentralproblem bleibt die Erarbeitung des Schlußdokuments, das wegen Zeitmangels (die Bischöfe können sich ja nicht monatelang in Rom aufhalten) immer einer kleinen Kommission übertragen wird, die nie das Denken der ganzen Versammlung genau zum Ausdruck bringen kann. Oft ufern die Synodendiskussionen auf alles und jedes aus, ohne daß es eine Autorität gäbe, die das verhindern könnte. Es handelt sich letzten Endes um eine praktische Frage, für die man eine praktische Lösung finden muß.

Glauben Sie nicht, daß sich jetzt nach der bisherigen Synodenerfahrung eine Reform aufdrängen würde, die vor allem aus dieser Einrichtung ein Beschlußorgan und nicht immer nur ein Beratungsorgan macht, wobei die Beschlüsse natürlich immer der Bestätigung durch den Papst bedürften? Müßte nicht ein erster Schritt in diese Richtung eine Statutenreform sein, die die Diskussion konkreter und griffiger macht, so daß immer ein von den Bischöfen redigiertes Schlußdokument zustandekommen kann?

Das ist sicher richtig, auch wenn eine Beschlußfassung schwer vorstellbar bleibt, die die Autorität des Papstes in Gefahr bringen könnte. Ich erinnere mich, daß Paul VI. einige Male Beschlüsse der Synode verlangte, aber es kam nie so weit, weil es in verschiedenen Bereichen der Versammlung Zweifel gab. Nach meiner Auffassung ist es realistischer, wenn die Bischofssynode das Beratungsorgan des Papstes bleibt. Andererseits ist eine Einrichtung so viel wert wie die Personen, die sie bilden. Und da die Bischöfe im Lauf der Zeit wechseln (nach jeweils drei bis vier Versammlungen ist die Synode vollkommen neu zusammengesetzt), ist diese Einrichtung zum Wachstum bestimmt. Das ist im übrigen mein Wunsch für die Synode.

Was hat die synodale Erfahrung in den zwanzig Jahren, die uns vom Konzil trennen, tatsächlich bedeutet?

Sie war und ist Zeichen und Ausdruck der Kollegialität, Beratungsorgan des Papstes, Ausdruck der Universalität der katholischen Kirche; die Synode bringt Bischöfe aus verschiedenen Nationen und Kontinenten miteinander in Kontakt, die bis vor zwanzig Jahren isoliert voneinander gelebt haben.

4. Kapitel

Das Sekretariat für die Nichtglaubenden

In der Zeit vor der letzten Konzilssession wurde das für das Vaticanum II bezeichnende Basisdokument grundgelegt, das berühmte Schema 13 über die Kirche in der Welt von heute. In dieser Zeit hat Paul VI. das Sekretariat für die Nichtglaubenden eingerichtet und Ihnen die Präsidentschaft übertragen. Hatte er mit Ihnen zuvor darüber gesprochen oder war es eine überraschende Ernennung?

Praktisch kam die Ernennung überraschend.

Gleich nach Ihrer Ernennung haben Sie betont, daß es dem neuen Sekretariat vor allem um die Erforschung des Phänomens Atheismus gehe, jenseits aller Bekehrungsabsichten und Verdammungsurteile. Warum diese Präzisierung?

In den Abschnitten 18–19 von „Gaudium et spes" wird ausdrücklich gesagt, daß die Kirche den Atheismus nicht verurteilen, sondern dieses Phänomen kennenlernen will. Sie will mit allen in Kontakt treten, Christen und Nichtchristen, Nichtglaubenden, Atheisten. Die Zielrichtung des Dokuments war die Erforschung des Phänomens.

Auf welche Schwierigkeiten stießen Sie bei der Organisierung dieser neuen, der kurialen Mentalität so fremden Einrichtung? In welcher Richtung gingen Sie vor?

Ich wählte vor allem den Sekretär der neuen Einrichtung sehr sorgfältig aus – und zwar in der Person Don Mianos, eines Salesianers, Dozent für Philosophie an der Fakultät der Salesianer. Gemeinsam mit anderen entwarf er – sozusagen als Ausgangspunkt – ein Lexikon des Atheismus. Diese Arbeit ermöglichte es, daß das neue Sekretariat bei der letzten Konzilssession einen konkreten Beitrag leisten konnte, woran ich bei der Diskussion jenes Teils von „Gaudium et spes" erinnert habe, der den Atheismus betraf. Man kann sagen, daß die Abschnitte 18 und 19 dieser Konstitution unter unserer Anleitung formuliert wurden. Die organisatorischen Schwierigkeiten des neuen Sekretariats waren nicht leicht zu überwinden. Nach tiefgehenden internen Diskussionen gab es zwei Beschlüsse: eine beschränkte Anzahl von Professoren und Bischöfen als Konsultoren auszuwählen sowie jährlich einmal eine Tagung zur Vertiefung abzuhalten. Vor allem am Beginn war die Struktur des Sekretariats zwar sehr einfach, aber funktionell.

Wie war das Klima der ersten Plenarsitzung des Sekretariats im Januar 1967, und welche pastoralen Orientierungslinien haben sich dabei herauskristallisiert?

Das Klima war sehr positiv. Das Interesse an dem Sekretariat für die Nichtglaubenden stieg Hand in Hand mit seinem Bekanntheitsgrad und mit der Erkenntnis seiner fundamentalen Bedeutung als Mittel der Öffnung der Kirche zur Welt.
Natürlich gab es schon bei dieser ersten Vollversammlung von seiten einiger gewisse Zweifel gegen-

über einer solchen Öffnung, als ob es eine Öffnung ins Ungewisse wäre.
Ich erinnere mich aber sehr gut an das, was mir Roger Garaudy bei einer Begegnung gesagt hat: „Auch wenn das Sekretariat gar keine Aktivitäten aufzuweisen hätte, wäre es schon positiv zu bewerten, weil seine bloße Existenz ein sichtbares Zeichen der Sensibilität der Kirche für die moderne Welt darstellt."

Das Basisdokument des Sekretariats ist zweifellos jenes über den Dialog vom August 1968. In diesem Jahr begann jener ernsthafte Versuch der Systemveränderung, der im französischen Mai seinen Ausgang genommen hatte. Sicher ging es im Dokument des Sekretariats um den Dialog der Ideen unter Ausklammerung jeder praktischen Anwendung. Aber die Ideen können die Geschichte nicht ausklammern – und dieses Dokument stellte die erste praktische Anwendung der Feststellungen des Konzils über die Beziehungen zwischen Kirche und Welt dar. War Ihnen die historische Bedeutung des Dokuments in diesem besonderen geschichtlichen Augenblick bewußt?*

Gewiß. Ich erinnere mich in diesem Zusammenhang an den positiven Anreiz von seiten des Staatssekretariats, vor allem von seiten des damaligen Substituten Giovanni Benelli, der unsere Arbeit aufmerksam verfolgt hat und uns nahelegte, die neuen Ideen und ihre praktische Anwendung zu studieren, ohne direkt die politischen Entwürfe zu berühren. Damals traf ich oft mit Benelli in privater Form zusammen. Seine

* Der Dialog mit den Nichtglaubenden, hrsg. vom Secretariatus pro non credentibus, Tipografia Vaticana, 1968.

Ermutigung trug zu den verschiedenen internationalen Kongressen bei, die vom Sekretariat organisiert wurden.

Das Dokument trägt das Datum des August 1968, also gerade als der Dialog in der Tschechoslowakei erlosch, als östliche Antwort auf den Versuch der Veränderung, der im Westen begonnen hatte. Hatte das einen Einfluß auf die Ausarbeitung des Dokuments?

Es gab keinen direkten Einfluß. Das Sekretariat wollte sich ja in erster Linie an den westlichen Atheismus wenden. Trotz seiner starken Verbreitung haben die Ideen des Atheismus im Westen keinen direkten Einfluß auf die Gesellschaft, zum Unterschied von dem, was im Osten durch den „Staatsatheismus" geschah und geschieht. Im Westen ist der Atheismus theoretisch, er ist kein Unterscheidungsmerkmal der Bürger eines Staates oder der Mitglieder einer Gesellschaft – im Gegensatz zum Osten, wo man auch nie Interesse gezeigt hat, mit dem Sekretariat einen Dialog aufzunehmen.

Worin bestand der Beitrag Pauls VI. zum Dialog-Dokument? War er gerade auf dem Hintergrund der historischen Ereignisse in dieser Hinsicht unschlüssig oder ängstlich?

Der Papst hat in die Ausarbeitung des Dokuments, die Aufgabe des Sekretariats war, nicht eingegriffen. Der Entwurf wurde dem Staatssekretariat übermittelt, das einige Anmerkungen und Zweifel zum Ausdruck brachte. Es bestand die Befürchtung, daß man mit diesem Dokument zu weit nach „links" gegangen sei, daß der Verdacht untermauert werden könnte, die Kirche suche Kollaboration mit der linken Politik, durch das Sekretariat könne die Kirche von diesen politischen Kräften in Dienst genommen, „instrumentalisiert“ werden. Es gelang uns aber, den Heiligen Stuhl von der Haltlosigkeit dieser Einwände zu überzeugen, die zweifellos aus den Zeitumständen des Jahres 1968 zu erklären waren. Der Papst unterschrieb, und das Dokument wurde veröffentlicht.

Eine andere wichtige Initiative in der Anfangszeit des Sekretariats war die von den Salesianern herausgebrachte Enzyklopädie des zeitgenössischen Atheismus. Es handelte sich damals um ein mutiges und weitblikkendes Werk. Was bedeutete diese Initiative?*

Es war das erste Mal, daß sich die Kirche in gründlicher Weise für den Atheismus interessierte – und zwar gerade durch die Herausgabe dieser Enzyklopädie. Es war ein Zeichen dafür, daß der Atheismus zu einem europäischen Problem geworden war und daß sich die Katechese daher nicht nur mit dem Evangelium, sondern auch mit der Situation des modernen Menschen in der modernen Welt befassen mußte. Das Werk fand weite Zustimmung.

Außer der Teilnahme an verschiedenen christlich-marxistischen Dialogkongressen theoretischer Natur (z. B. in Salzburg, Chiemsee, Marienbad, Genf, Santa Barbara usw.) gab es auch offizielle Begegnungen zwischen dem Sekretariat und einigen Regierungen.

* L'ateismo contemporaneo, hrsg. von der Facoltà Salesiana di teologia, Società Editrice Internazionale, Turin 1967–1970.

Was können Sie über Ihre Reise als Präsident des Sekretariats nach Jugoslawien im Jahr 1974 sagen?

Es gab keine offiziellen Kontakte zwischen dem Sekretariat und Regierungen, weil das zu vielschichtigen Problemen geführt hätte.
Was Jugoslawien betrifft, ging es vor allem um meinen Wunsch, die Bedeutung jenes „dritten Wegs", dem sich Jugoslawien im marxistischen Bereich verschrieben hatte, näher kennenzulernen.
„Welche Auswirkungen kann das für die Religion haben?" fragte ich die Verantwortlichen des Landes. „Der Staat macht der Kirche keine Schwierigkeiten, wenn die Kirche nicht die Politik beeinflußt", sagte mir der damalige Chef der slowenischen Kommunisten, Edvard Kardelj. Das war eine etwas enttäuschende Antwort – auch wenn ich sehr herzlich aufgenommen wurde. Kardelj erzählte mir ausführlich vom Beginn seiner Zusammenarbeit und Freundschaft mit Tito im Partisanenkampf.
Um die Position der Religion in Jugoslawien deutlicher zu klären, stellte ich Kardelj folgende Frage: „Angenommen, ich bin Philosophieprofessor in einer Ihrer Schulen, kann ich dann – nach der Erklärung des marxistischen Systems – mit den Schülern über die Existenz anderer sozialer und philosophischer Systeme sprechen, die mit dem Marxismus nicht übereinstimmen?" Kardelj antwortete darauf: „Das geht nicht, dann ist es besser, Sie unterrichten Mathematik." Die Antwort war klar.
Das war die einzige Reise, bei der ich Kontakte mit Regierungsverantwortlichen hatte. Die Aufnahme war, wie ich noch einmal unterstreichen möchte,

sehr freundlich. Es wurde mir sogar ein Flugzeug für die Reise innerhalb Jugoslawiens zur Verfügung gestellt, ich wurde zum Essen eingeladen. Aber die Antwort auf meine Fragen war ebenso klar.

Sie haben im September 1974 in Taizé an der Eröffnung des „Konzils der Jugend" teilgenommen. Wie schätzen Sie den Wert dieser Erfahrung ein?

Ich kannte Roger Schutz schon geraume Zeit. Für mich war Taizé eine äußerst interessante Erfahrung. Alle waren betroffen, als ich in der Predigt beim Gottesdienst sagte: „Ich spreche nicht nur für die Gläubigen, sondern auch für die Nichtglaubenden." Ich wurde mit Enthusiasmus aufgenommen.

Im Juni 1974 haben Sie auf Einladung von Lukas Vischer, dem damaligen Präsidenten der Kommission „Faith and Order" (Glaube und Kirchenverfassung) des Weltrats der Kirchen, an einem ökumenischen Treffen teilgenommen. Welchen Beitrag hat das Sekretariat für dieses Treffen geleistet?

Es hat sich dabei in erster Linie um eine Konsultation von seiten Vischers gehandelt; er wollte das Sekretariat, dessen Ziele und Programme kennenlernen.

Hatten Sie 1967 anläßlich von Podgornijs Audienz bei Paul VI. Gelegenheit, den sowjetischen Staatschef zu treffen? Oder kam es bei einer der Vatikan-Visiten des langjährigen sowjetischen Außenministers Gromyko zu Begegnungen?

1967 war bereits die Rede von meiner geplanten Reise nach Moskau. Diese Reise kam dann wegen ver-

schiedener Hindernisse nicht zustande. Gromyko habe ich zweimal in Wien getroffen. Aber es handelte sich dabei um reine Höflichkeitsgespräche. Ich hatte nicht den Eindruck, daß auf der „anderen Seite" Interesse an einem Dialog bestand.
In Moskau war ich zweimal. Das erste Mal 1977, am Ende des Pontifikats Pauls VI., das zweite Mal 1981. Beide Reisen habe ich als Tourist absolviert. Mit Podgornij gab es nie ein Treffen.

Haben Sie aber auf jeden Fall in der Sowjetunion für die Zukunft vorgebaut?

Hoffen wir's. Aber ich hatte in keiner Weise Gelegenheit zu Kontakten mit Regierungsverantwortlichen – mit Ausnahme von Höflichkeitsbegegnungen während eines Empfangs in der österreichischen Botschaft in Moskau.

Warum hat die sowjetische Regierung Papst Johannes Paul II. nicht ins Land gelassen?

Nach der offiziellen Lesart ist die Religion ein negativer Faktor des wirtschaftlichen und sozialen Lebens. Auf die offizielle Anfrage des Heiligen Stuhls kam eine höfliche, aber negative Antwort. Ich habe mich von Wien aus für diese Reise interessiert. Der sowjetische Botschafter war sehr höflich, aber über dieses Thema war kein Gespräch möglich.

Wie ist die Atmosphäre heute? Wäre eine Papstreise nach Moskau in der näheren Zukunft voraussehbar?

Bisher sehe ich keine Öffnung. Das Grundprinzip der Sowjets sieht so aus: „Wir haben nichts gegen die Religion – unter der Voraussetzung, daß die Gläubigen unserem System treu bleiben, jede Propaganda vermeiden und sich darauf beschränken, an liturgischen Feiern teilzunehmen.“

Würde die orthodoxe Kirche einer Papstreise Hindernisse bereiten?

Wenn die Reise möglich wird, glaube ich nicht, daß die Orthodoxie dagegen wäre. Ich habe aber mit dem Patriarchen von Moskau immer nur rein offizielle Kontakte gehabt.

Wie kam es zu Ihrer Reise nach Peking, und wie verlief sie?

Ein Pekinger Universitätsclub hatte mich nach China eingeladen, um dort über das Christentum in Europa zu sprechen. Ich hatte Gelegenheit, den Vizepräsidenten des Büros für die religiösen Angelegenheiten zu treffen, das Gespräch dauerte mehrere Stunden. Thema des Gesprächs war natürlich das Christentum und seine Funktion – seiner Ansicht nach eine Kraft des vergangenen Jahrhunderts, die für Geschichte und Kultur Chinas negativ gewesen sei, ja sogar ein wahrer Feind Chinas. Deshalb verteidige China jetzt seine Unabhängigkeit, China könne nicht unter der Kontrolle des Heiligen Stuhls, des Papstes oder irgendeiner nicht chinesischen Macht sein. Er meinte: „Wir wollen die Kirche Chinas nicht verschwinden lassen, aber sie muß unter der Kontrolle der chinesischen Regierung sein.“ Diese These wiederholten mir auch der Bischof von Peking und andere Prälaten der „patriotischen Vereinigung“. Ich mußte feststellen, daß es für sie das Zweite Vatikanische Konzil gar nicht gegeben hatte; die Liturgie ist noch immer vorkonziliar und wird auf lateinisch gefeiert. Die Kirche lebt weiter – wurde mir versichert –, aber der Papst darf in ihr keine Gewalt haben.

Aber es gibt noch Bischöfe und Priester, die Rom treu geblieben sind? (Der Kardinal beantwortete die Frage nicht. Aus Andeutungen glaubte ich entnehmen zu können, daß es solche Bischöfe und Priester nicht nur im Untergrund gibt, sondern daß der Kardinal auch mit ihnen zusammengetroffen ist.)
Das chinesische Fernsehen hat 1985 einen Bericht über den Papst und den Vatikan gesendet. Ist das ein Zeichen für eine gewisse Öffnung?

Sicher gibt es heute eine geänderte Mentalität. Ich erinnere nur an den Artikel im Parteiorgan „Renmin-ribao", wonach die Lehre Marxens dem 19. Jahrhundert angehört und nicht unfehlbar sei. Heute sei die Situation anders, auch die Marxisten müßten sich der neuen Realität anpassen. Das könnte die geistige Hauptströmung der Öffnung sein, auch im Hinblick auf Rom.

Wäre es denkbar, daß der Papst eher China als Rußland besucht?

Ohne Zweifel. Aufgrund der heutigen Situation bin ich sicher, daß Johannes Paul früher nach Peking fahren wird als nach Moskau.

Meinen Sie, daß eine solche Reise bevorsteht?

Ich würde sagen, daß das nicht unmöglich ist; aufgrund der Entwicklung der Situation könnte der Papst in näherer Zukunft nach China fahren.

5. Kapitel

Die Erzdiözese Wien als Brücke zum Osten

Die Kirche von Wien stellt geographisch den am weitesten vorgeschobenen Kontaktpunkt zum Osten dar. Ich glaube, daß man deshalb im Vatikan an Sie gedacht hat, um den Kontakt mit jenen Kirchen aufrechtzuerhalten, die an der Verbindung mit Rom gehindert waren. Außerdem besitzen Sie ja einen Diplomatenpaß.

Die Sache ist vielschichtig. Ende der fünfziger Jahre war der „Eiserne Vorhang" tatsächlich unüberwindbar. Als Kardinal Stepinac von Zagreb 1960 starb, suchte ich – ohne jegliche Hoffnung – um die Erlaubnis der jugoslawischen Regierung zur Teilnahme am Begräbnis an, da doch in normalen Zeiten der Erzbischof von Wien dabei nicht gefehlt hätte. Zu meiner großen Überraschung erhielt ich die Erlaubnis: Es war der Beginn meiner Reisen in den Osten. Auf dem Weg nach Zagreb hatte ich einen schweren Autounfall. Während des langen Spitalaufenthalts stellte ich mir die Frage nach der innersten Bedeutung dieses Zeichens: Ich verstand es als eine besondere Berufung, mich für die isolierten Kirchen Osteuropas zu interessieren, da Wien doch an der Grenzlinie zwischen Ost und West liegt.
Am Vorabend des Zweiten Vatikanischen Konzils – 1962 – schlug mir Papst Johannes XXIII. vor, Kardinal Mindszenty in Budapest zu besuchen. Der Kar-

dinal war seit Jahren – im Gefolge der ungarischen Revolution von 1956, die ihn zunächst aus dem Gefängnis befreit hatte, die dann aber im Blut erstickt worden war – in der amerikanischen Botschaft in der ungarischen Hauptstadt eingeschlossen. Als ich ihm die Schwierigkeiten des Zugangs zu Kardinal Mindszenty vor Augen hielt, antwortete der Papst mit seiner bekannten Gutmütigkeit: „Gehen Sie auf den Bahnhof, kaufen Sie eine Fahrkarte nach Budapest und fahren Sie." Ich antwortete: „Wenn Sie mir helfen, mach ich das gerne." Als Besitzer eines österreichischen Diplomatenpasses schaltete ich den Botschafter Wiens in Ungarn ein, um die Einreiseerlaubnis zu erhalten – nicht als Vertreter des Heiligen Stuhls, sondern als Erzbischof von Wien, der seinen Nachbarn in Budapest besuchen will. Gleichzeitig präzisierte ich, daß der Heilige Stuhl über meinen Schritt informiert sei. Die Erlaubnis wurde mir erteilt, ja die ungarische Regierung stellte mir ein Auto mit ungarischer Nummerntafel zur Verfügung. Einen Tag, bevor die Nachricht über Radio Bern verbreitet wurde, fuhr ich in aller Frühe ab, um dem Ansturm der Presse an der Grenze zu entgehen. Ich überquerte die Grenze ohne Schwierigkeiten, da mein Kommen angekündigt war. So konnte ich zum ersten Mal den ungarischen Kardinal treffen, der mich mit einem Satz auf Latein begrüßte: „Quid desiderat Summus Pontifex?" (Was wünscht der Heilige Vater?); dann setzte er teils auf lateinisch, teils auf englisch fort. Er war sehr froh über die Begegnung, weil er nur zwei Angestellte der Botschaft und einmal im Monat einen Beichtvater sah, seine Isolierung war total. Seit 1956 hatte er keinerlei Kontakt mit Bischöfen, Priestern oder dem ungarischen Volk gehabt. Bei dieser ersten Begegnung drehte er ein Radio auf volle Lautstärke, um zu verhindern, daß wir abgehört würden.

Haben Sie ihn schon bei der ersten Begegnung eingeladen, nach Rom zu kommen?

Mein Auftrag war, Kardinal Mindszenty zu besuchen und ihn zur Teilnahme am Konzil einzuladen. Ich sagte ihm das, obwohl mir klar war, daß er nicht fahren konnte. Er aber weigerte sich von dieser ersten Begegnung an, Budapest zu verlassen, weil er bei seinem Volk bleiben wollte.

Sie sind dann mehrmals nach Ungarn gefahren?

Nach dieser ersten Reise fuhr ich normalerweise – übrigens auch ermuntert durch Paul VI. – zweimal im Jahr zu Kardinal Mindszenty. Ich fand ihn ruhig und heiter vor, aber natürlich seelisch verstört durch die langen Gefängnisjahre. Ich habe ihm die Konzilsdokumente gebracht, die ihn aber nicht sehr interessierten. Er war in seine Studien der Geschichte des Marxismus und Ungarns vertieft – und er war weiterhin dagegen, Budapest zu verlassen. Das aber war die absolute Bedingung der ungarischen Regierung, um ihn unbeschadet aus der amerikanischen Botschaft herauszulassen. Andererseits übte auch die amerikanische Regierung Druck auf den Heiligen Stuhl aus, um eine Lösung zu erreichen, denn Washington wollte die Beziehungen mit Ungarn verbessern. Auch die ungarische Regierung selbst wollte sich von etwas befreien, was sie wegen der internationalen Rückwirkungen als Last empfand.

Wie kam es zur Ausreise Mindszentys?

Nachdem meine Versuche fehlgeschlagen waren, schickte der Heilige Stuhl einen in Rom lebenden ungarischen Prälaten zu Kardinal Mindszenty – und dessen Mission hatte Erfolg.

Aber praktisch hat doch Paul VI. zum Schluß dem Kardinal die Ausreise befohlen?

(Ich ziehe es vor, darüber nicht mehr zu sagen – *antwortet König diplomatisch – womit er meine These indirekt bestätigt. Tatsächlich hatte Kardinal König sich geweigert, Mindszenty das Verlassen Ungarns anzubefehlen.)*

Hatten Sie jemals bei einer dieser Reisen Begegnungen mit Kadar oder mit Regierungsmitgliedern?

Nein, es gab keine Kontakte. Ich erhielt die Einreiseerlaubnis nur, um Kardinal Mindszenty zu besuchen. Meine Missionen in Osteuropa waren ausschließlich pastoraler und nicht diplomatischer Natur. Die Ostpolitik des Heiligen Stuhls wurde von Paul VI. über Kardinal Casaroli durch besondere Vereinbarungen vorangetrieben, entwickelt und vollendet.

Haben Sie Mindszenty von Budapest nach Rom begleitet?

Nein, er wurde von jenem ungarischen Prälaten begleitet, der ihn von der Notwendigkeit der Ausreise überzeugt hatte. Als Mindszenty in Rom war und ich von ihm selbst gehört hatte, daß er sich so weit von seiner Heimat nicht wohl fühlte, habe ich ihn eingeladen, in Wien zu wohnen. Das geschah dann auch. In Wien trafen wir oft zusammen; von Wien aus machte er viele Reisen, um die Ungarn im Ausland zu besuchen.

Nachdem die Mission Mindszenty abgeschlossen war, haben Sie Ihre Reisen in den Osten fortgesetzt. Mit welcher Absicht?

Aufgrund meines 1960 in Jugoslawien gefaßten Entschlusses – der mit dem Fall Mindszenty seine erste konkrete Anwendung finden sollte – teilte ich nach dem Konzil den zuständigen Stellen des Heiligen Stuhls meinen Vorsatz mit, als Erzbischof von Wien weiterhin die Kirchen im Osten besuchen zu wollen.
Anfänglich war man im Vatikan ein bißchen skeptisch über meine Reisen. Welchen Sinn hatten sie? Waren sie von Nutzen? Bestand nicht die Gefahr von „Verwirrungen"? Hatten sie eine Chance auf Erfolg? Nach einigen Jahren und einigem Zaudern wurde ich mit richtiggehenden Aufträgen betraut, wenn auch nicht offiziell. Wir kamen so überein: Ich absolvierte meine Reise – wenn eine Einladung vorlag oder wenn ich es für opportun hielt –, natürlich immer in meiner Funktion als Erzbischof von Wien, und dann übermittelte ich dem Staatssekretariat einen detaillierten Bericht. Auch die persönlichen Beziehungen mit den führenden Leuten des Staatssekretariats, die anfänglich mir gegenüber sehr kühl waren, wurden nach zwei, drei Jahren weniger distanziert. Das Verhältnis zu Kardinal Casaroli war aber immer ausgezeichnet.

Sie können also in gewisser Hinsicht als Vorläufer jener von Johannes XXIII. eingeleiteten Ostpolitik angesehen werden, der als erster den jungen und damals noch unbekannten Sottosegretario Agostino Casaroli in den Osten schickte. Nach den ersten Erfolgen entwickelte Paul VI. dann diese Politik mit Hilfe Casarolis weiter. War es nicht so?

Ich würde meinen, daß ich für den Heiligen Stuhl den Weg nach Osten nur indirekt vorbereiten konnte. Die diplomatischen Begegnungen blieben immer dem Heiligen Stuhl vorbehalten.

Können Sie etwas über Ihre Reisen nach Prag sagen?

Nach Jugoslawien und Ungarn wandte ich mich der ČSSR zu. Dies auch im Hinblick auf die Nähe zwischen Prag und Wien, man braucht im Auto nur fünf Stunden. Bei meinen zahlreichen Reisen (ich fuhr auch auf dem Weg nach Polen oft über die ČSSR) besuchte ich Kardinal Tomašek, die Pfarrgemeinden. Ich hatte Bewegungsfreiheit, wurde aber sicher überwacht. Ich habe nie offizielle Begegnungen gesucht, weil ich um die Schwierigkeiten wußte, vor allem nach dem Ende des „Prager Frühlings". Während des „Frühlings" hatte ich meine Kontakte mit Prag begonnen. Aber ich hatte nur ein einziges Mal ein Treffen mit einem Regierungsvertreter.

Hatten Sie Anteil an der Freilassung Kardinal Berans?

Beran wurde lang vor meinen Reisen freigelassen. Es war die Regierung, die sich entschloß, ihn aus der

Tschechoslowakei auszuweisen. Er war einmal in Wien mein Gast – anläßlich einer Reise zu den Tschechen und Slowaken Österreichs.

Warum wurde Ihnen 1985 bei den Feiern zum 1100sten Todestag des heiligen Method die Einreise verweigert – trotz vieler positiver Präzedenzfälle?

Bei dieser Gelegenheit nahm die Prager Regierung eine sehr harte Haltung ein. Mehreren westlichen Kardinälen, darunter Kardinal Hume von London, Kardinal Lustiger von Paris und mir, wurde die Einreise verweigert. Die ČSSR-Botschaft in Wien gab mir zunächst eine positive Antwort, das änderte sich dann nach Konsultationen mit Prag. In gewissem Sinn hatte ich es nicht anders erwartet.

Warum wurde dem Papst die Einreise verweigert?

Wer die Mentalität der Prager Regierung kennt, weiß, daß ein Besuch Johannes Pauls II. in der ČSSR unmöglich ist. Ein Besuch wäre ein Triumph für den Papst und eine Katastrophe für die Regierung. Der Papst könnte heute leichter nach Budapest fahren als nach Prag. Als ich vom Wunsch des Papstes nach dieser Reise erfuhr, habe ich sofort darauf hingewiesen, daß dieser Wunsch nicht zu verwirklichen sein wird. Aber ich habe alles getan, um die Reise doch zu ermöglichen.

Polen ist das osteuropäische Land, in dem Sie am öftesten waren. Warum?

Ich wurde einige Monate vor der Freilassung Kardinal Wyszynskis und seiner ersten Rom-Reise zum Erzbischof von Wien ernannt.

Ich fuhr an die Grenze und brachte ihn im Auto nach Wien. Von da an traf ich Wyszynski – der stets mit der Eisenbahn nach Rom fuhr – immer in Wien; er war oft mein Gast, bevor er nach Rom weiterfuhr. So erhielt meine Beziehung zu Polen einen besonderen Charakter – auch deswegen, weil im Gefolge des Primas viele polnische Bischöfe nach Wien kamen.

Wann fuhren Sie das erste Mal nach Warschau?

1961 fuhr ich das erste Mal über die Tschechoslowakei nach Polen. An der tschechisch-polnischen Grenze stieß ich auf rund zweihundert Menschen, die mich erwarteten, mitten unter ihnen ein junger Priester, der damalige Krakauer Weihbischof Karol Wojtyla. Der Gegensatz zwischen der Leere auf tschechischer Seite und der Menschenmenge wenige hundert Meter weiter, auf polnischem Territorium, die mit dem jungen Bischof gekommen war, um mir einen herzlichen Willkomm zu bereiten, machte mich sehr betroffen. Es war meine erste Begegnung mit Karol Wojtyla, von da an entwickelte sich eine herzliche Freundschaft. Von der Grenze fuhren wir gemeinsam nach Krakau, der ersten Etappe auf meiner ersten Reise in dieses Land. Ich war Gast des Erzbischofs und besuchte zahlreiche Pfarrgemeinden; der Empfang war jedesmal sehr herzlich. Von Krakau fuhr ich nach Warschau und besuchte dann auch noch andere Diözesen.

Bei diesen Reisen haben Sie sich auch für die Annäherung zwischen dem Heiligen Stuhl und dem polnischen Episkopat eingesetzt. Das Unverständnis Pius' XII.

für den Kurs Wyszynskis hatte ja eine gewisse Abkühlung mit sich gebracht.

Ja, der Primas war – wie er mir selber erzählt hat – von der Kälte, mit der ihn Pius XII. behandelt hat, sehr betroffen; so ließ der Papst Wyszynski einige Tage warten, bevor er ihm Audienz gewährte. Der Papst hatte die Öffnung der Kirche zum Gomulka-Regimc nicht verstanden, er fürchtete eine totale Kompromittierung. Aber der Kardinal blieb, wie es seine Art war, konsequent bei seinem Kurs, ohne seine Haltung zu ändern.

Nach dieser ersten Reise begann die Mission Casarolis. Auch sie wurde vom Primas nicht gern gesehen, der gegen eine direkte Beziehung zwischen dem Heiligen Stuhl und der polnischen Regierung unter Ausklammerung des Episkopats war. Die Beziehungen zwischen Episkopat und Regierung waren nach der Idylle der ersten Gomulka-Zeit wieder sehr gespannt. Haben Sie auch in diesem Bereich eine Vermittler-Tätigkeit ausgeübt?

Die Situation war delikat. Wyszynski hat mir selbst erzählt, daß er eine sehr intensive Beziehung zu Gomulka hatte. Gleich nach seiner Freilassung trafen sie zu stundenlangen Gesprächen zusammen, die sich bis tief in die Nacht hinzogen. Wyszynski war daher überzeugt, die Situation besser zu kennen. Er befürchtete, daß eine direkte Verbindung mit Rom nur der polnischen Regierung nützen würde.
Daher war er fast eifersüchtig hinsichtlich der Beziehungen zur Regierung – in Verteidigung der Autonomie der polnischen Kirche. Ich erinnere mich in die-

sem Zusammenhang an die Skepsis, mit der sowohl Wyszynski als auch Karol Wojtyla meinen Besuch bei einem zweitrangigen Mitglied der polnischen Regierung aufgenommen haben. Damals schien uns die Einstellung des polnischen Episkopats zur Regierung zu hart, wir glaubten, glättend eingreifen zu sollen. Aber heute verstehe ich die Skepsis.

Diese Skepsis wurde ja dann überwunden. Auch der Episkopat war für die Mission Casarolis, auch wenn es scheint, als ob es da Mißklänge zwischen Wyszynski und Wojtyla gegeben hätte. Was halten Sie davon? Waren Sie in der Solidarnosc-Zeit einmal in Warschau?

Man sprach damals von Divergenzen. Aber ich glaube nicht, daß das der Wahrheit entsprach. Mein Eindruck war, daß sich Kardinal Wojtyla vorgenommen hatte, „hinter" dem Primas zu stehen, sozusagen als dessen Schatten.
Meine Beziehung zu Polen war zutiefst mit meiner Freundschaft zu Wyszynski und Wojtyla verknüpft. Solidarnosc entwickelte sich nach den Abkommen von Danzig, kurz vor dem Tod Wyszynskis. Ich hatte ihn noch während seiner Krankheit besucht und ihm auch die Grüße des Papstes überbracht. Meine Reisen nach Polen wurden dann seltener, vielleicht auch, weil ich den neuen Primas nur oberflächlich kannte.

War die – gerade in der härtesten Zeit eingeleitete – vatikanische Ostpolitik ein positiver Schritt? Waren Sie zufrieden, daß eine Öffnung erreicht wurde? Sie waren ja einer der Förderer dieser Politik, als Bischof, der den bedrängten Kirchen räumlich am nächsten war, als Bischof auch, der die dramatischen Lebensumstände dieser Kirchen – von denen er oft als erster erfuhr – den Päpsten Johannes XXIII. und Paul VI. bekannt machte.

Rund fünfundzwanzig Jahre danach erscheint dieser Entschluß, der zur Ostpolitik geführt hat, als wahrhaft vom Hciligen Geist inspiriert, der die Kirche leitet und der es ermöglicht hat, daß wenigstens die menschlichen Beziehungen mit diesen Kirchen wiederaufgenommen werden konnten und daß deren Strukturen erneuert wurden. Damals wurde der Entschluß als nahezu revolutionär angesehen, viele standen ihm skeptisch, ja „traumatisiert“ gegenüber.
Die Papstwahl eines Bischofs aus diesem Gebiet kann als Besiegelung jenes Entschlusses betrachtet werden. Was meinen Anteil betrifft, liegt es sicher nicht an mir, darüber ein Urteil abzugeben. Zweifellos war aber mein Krankenhausaufenthalt wegen des schweren Unfalls bei der ersten Ostreise für mich ein Zeichen, diesen Weg fortzusetzen.

6. Kapitel

Johannes, Paul und die beiden Johannes Paul

Wollte Paul VI. jenes Konzil, das er zu Ende geführt hatte, konsequent anwenden, oder hatte er in diesem Zusammenhang Hemmungen?

Sicher konnte das äußere Bild des Montini-Papstes den Eindruck des Zauderns vermitteln. Aber er war ein Mensch von großer Intelligenz, der alles beachtete, der jede Nuancierung bewertete! Was das Konzil betrifft, möchte ich Sie an das erinnern, was er mir vor der Wahl während des Konklaves gesagt hat: „Wer immer Papst sein wird, wird den Weg Johannes' XXIII. weitergehen müssen."

Was ist Ihre letzte persönliche Erinnerung an Paul VI.?

Das war anläßlich des Ad-limina-Besuchs der österreichischen Bischöfe im Mai/Juni 1978, zwei Monate vor seinem Tod. Nichts ließ darauf schließen, daß es sich um die letzte Begegnung handeln sollte.

Beim ersten Konklave, an dem Sie teilnahmen – 1963 –, bestand die Hauptsorge des Wahlkollegiums darin, jemanden zu finden, der das Konzil fortsetzen würde. Bei Ihrem zweiten Konklave im August 1978 stand ein wesentlich zahlreicheres Kollegium vor der Wahl eines Kandidaten, der Geist und Buchstaben des Konzils vorantragen und definitiv in die Kirche einbetten würde. Was bedeuten in dieser Optik die 33 Tage des Pontifikats des Luciani-Papstes?

Der allgemeine Eindruck des Kardinalskollegiums ging dahin, daß es sich um einen Papst handelte, der die Absicht und die Fähigkeit besaß, das Zweite Vatikanische Konzil zu verwirklichen. Seine Liebenswürdigkeit und Herzlichkeit machten auf die Kardinäle einen außerordentlichen Eindruck. Ich würde sagen, daß seine Wahl nicht erwartet wurde, aber zum Schluß erfolgte sie fast einstimmig.

Was empfanden Sie, als Sie die Nachricht vom Tod Johannes Pauls I. erhielten, abgesehen vom Schmerz über das Ableben eines Menschen, der Papst war? Wie würden Sie ein solch ebenso geheimnisvolles wie rein menschlich gesehen „absurdes" Ereignis interpretieren?

Ich bin damals gerade in Finnland gewesen, wohin mich die Universität Helsinki zu einem Vortrag über Glaube und Wissenschaft eingeladen hatte. Mein Sekretär benachrichtigte mich. Meine erste Reaktion war ein Nicht-Glauben-Wollen. Aber diese 33 Tage stellten zweifellos eine Inspiration für die ganze Menschheit dar; der plötzliche Tod hat Johannes Paul I. vor jenen Kritiken bewahrt, die jeden Papst nach einigen Jahren erwarten. Der Luciani-Papst bleibt als eine Gestalt in Erinnerung, in der sich die postkonziliare Kirche verkörperte – und die der Wahl eines polnischen Papstes den Weg bereitete.

Sie haben nach dem Tod Johannes Pauls I. auf die Notwendigkeit hingewiesen, die physische und psychische Überbelastung eines Papstes in Zukunft zu vermindern. Worauf wollten Sie sich dabei beziehen?

Ich wollte mich auf die objektive Tatsache beziehen,

daß das Papsttum unter den Umständen der heutigen Welt fast die menschlichen Möglichkeiten übersteigt. Die ganze Welt blickt nach Rom und erwartet fast ein Wunder vom Papst.

Also müßte man das vermeiden?

Ja, aber wie? Das ist das Problem. Auf der anderen Seite hat der gegenwärtige Papst – und auch deshalb bewundere ich ihn – einen Weg gefunden, sein Amt ohne psychische Probleme zu verwalten, fast ohne das Gewicht dieses Amtes zu spüren.

Sicher, aber es läßt sich nicht verheimlichen, daß das einzig und allein mit seiner guten Gesundheit zusammenhängt. Wenn morgen ein gesundheitlich schwächerer Papst kommt, wird er wieder von der ungeheuren Last erdrückt. Ist es nicht so?

Ich gebe Ihnen Recht.

Am Vorabend des Konklaves vom August 1978 haben Sie erklärt: Die Wahrscheinlichkeit ist groß, daß der künftige Papst kein Italiener sein wird. Wurde diese These nach dem Tod Lucianis für Sie noch wahrscheinlicher?

Vor dem Konklave hatte ich in der Klinik „Salvator Mundi“, wo ich damals in Rom untergebracht war, Briefe von Unbekannten erhalten, die mich baten, angesichts der schwierigen italienischen Situation einen nichtitalienischen Papst zu wählen. Wir hoffen, hieß es in den Briefen, daß ein solcher Papst die Situation verbessern könnte. Sicher etwas seltsame Vorstellungen, aber es bleibt die Tatsache, daß ich solche Briefe bekommen habe.

Bei den Konklaven des Jahres 1978 hat die Presse in aktiver Weise so stark Anteil genommen wie noch nie. Sie hat damit zur Klärung beigetragen, wie Sie mir selbst im April 1979 in einem Interview gesagt haben. Meinen Sie nicht, daß es immer wichtig wäre, der religiösen Information in der Presse Raum zu geben?

Nach meiner Konklave-Erfahrung hat es im Konklave gegenüber jenen Interviews, die Sie mit Kardinal Siri und anderen geführt haben, keine Schwierigkeiten gegeben. Ich kann nur bestätigen, was ich Ihnen schon 1979 gesagt habe, nämlich daß die Presse in aktiver und positiver Weise wie noch nie an einem Ereignis wie dem Konklave Anteil genommen hat.

Kardinal Garrone hat letzthin festgestellt, daß Karol Wojtyla der aus dem Konzil hervorgegangene Papst sei und daß der Erzbischof von Krakau ohne das Konzil nie zum Papst gewählt worden wäre. Stimmen Sie dem zu?

Ja natürlich, denn ohne das Konzil hätte niemand den Kardinal von Krakau gekannt.

Man sagt, daß Sie beim Konklave am selben Tisch wie Wojtyla gesessen sind und am Vorabend der Wahl das Glas erhoben und auf ihn getrunken hätten. Stimmt das?

Ich hatte meinen Platz an dem Tisch vor dem des Erzbischofs von Krakau. Als er am Abend vor der Wahl vorbeiging, habe ich ihn begrüßt und mein Weinglas erhoben. Aber das war der menschliche und herzliche Gruß für einen Freund, ich hatte sicher keine andere Absicht.

Sie waren der Kardinal, der den Erzbischof von Krakau am besten kannte. Wie verhielt sich Wojtyla, als sich die Möglichkeit seiner Wahl abzeichnete?

Ich hatte Angst, daß er sich verweigern könnte. Sicher war Kardinal Wojtyla nicht *der* Kandidat bei der Wahl. Mehr kann ich nicht sagen.

Wie wurde der Abend nach der Ansprache des Neugewählten von der Loggia des Petersdoms aus verbracht? Haben Sie mit ihm gesprochen?

Nach der Wahl und bevor sich der Neugewählte dem Volk gezeigt hatte, gab es unter den Kardinälen fast so etwas wie eine Atmosphäre der Furcht bezüglich der Reaktionen des Volkes und der Weltkirche wegen dieser unerwarteten Entscheidung für einen nichtitalienischen Papst, der noch dazu aus dem marxistisch beherrschten Bereich kam. Johannes Paul II. sprach sehr gut, er verstand es sofort, die Sympathie der Menge zu erwerben. Für mich war das eine wahrhafte persönliche Beruhigung, was ich ihm auch gleich gesagt habe.
Noch in der Nacht wurde sehr viel über die Entwicklungsrichtung diskutiert, die dieser aus dem marxistischen Herrschaftsbereich kommende neue Papst der Kirche geben könnte. Einige waren noch unschlüssig. Der Neugewählte saß am Abend an seinem gewohnten Platz und diskutierte mit den anderen. Nachdem er die Papstwürde akzeptiert hatte, zeigte sein Äußeres wieder die gewohnte Ruhe und Sicherheit, ich konnte keinerlei Nervosität mehr entdekken.

7. Kapitel

Der Mensch – der Priester – der Bischof

Sie sind am 3. August 1905 in Rabenstein in Niederösterreich geboren: was verdanken Sie Ihrem Geburtsort und Ihrer Familie?

Meine Familie war katholisch. Ich habe meinen Vater verloren, als ich fünf Jahre alt war. Nach wenig mehr als einem Jahr hat meine Mutter wieder geheiratet, ihr zweiter Mann trug den Familiennamen Kaiser. Ich habe einen Bruder und eine Schwester, die Kaiser heißen, ich und die anderen Geschwister heißen König. Seltsam, daß meine Mutter zuerst einen „König“ und dann einen „Kaiser“ geheiratet hat.

An meinen Vater kann ich mich fast gar nicht erinnern; ich bin mit dem Stiefvater aufgewachsen. Das Verhältnis zu ihm war immer schwierig. Es hat nie eine persönliche Beziehung gegeben. Meine Mutter hat versucht, uns zusammenzubringen, aber er legte immer ein sehr distanziertes Verhalten an den Tag.

Mit den Geschwistern dagegen, sowohl mit den eigenen als auch mit den Stiefgeschwistern, hatte ich immer ein sehr gutes Verhältnis, das mit denen, die noch am Leben sind, nach wie vor besteht. Zwischen uns „Königen“ und „Kaisern“ herrscht vollkommene Einmütigkeit. Ich bin harmonisch aufgewachsen, weil es mir meine Mutter nie an Wärme und Zunei-

gung fehlen ließ – trotz der distanzierten Kälte ihres Mannes.
Während meiner Gymnasialzeit habe ich viel gelesen; damals haben mich viele Zweifel in religiösen Fragen bedrängt.

Was haben Sie als junger Mensch getan, bevor Sie sich für das Priestertum entschieden haben?

Ich habe mich sehr für Philosophie interessiert. Bei der Reifeprüfung hat mir der Vorsitzende der Prüfungskommission ein Stipendium für England angeboten. Gleichzeitig hatte ich ein ähnliches Angebot für Rom. Ich weiß nicht warum, aber ich habe Rom vorgezogen. Wenn ich London gewählt hätte, weiß ich nicht, ob ich Priester geworden wäre.

Bis zum Alter von 18 Jahren waren Sie also nicht im Seminar?

Ich habe am Stiftsgymnasium der Benediktiner in Melk die Schule besucht. Es war eine ausgezeichnete Schule, wo sowohl Benediktiner als auch Laien unterrichtet haben. Ich war im Internat, weil Melk von Rabenstein zu weit entfernt ist. In Melk habe ich das Stipendienangebot aus Rom, vom Collegium Germanicum, bekommen. Dieses Angebot habe ich dann, wie gesagt, London vorgezogen. In Rom habe ich als „Externer" im „Germanicum" gewohnt und an der philosophischen Fakultät der Gregoriana studiert.
Während des Philosophiestudiums habe ich durch die Lektüre von Aristoteles, Thomas von Aquin, Augustinus und Kardinal Newman begonnen, die Kirche neu zu sehen: diese großartigen Autoren haben

mich zutiefst beeinflußt. Außerdem hat mich die Universalität der Kirche zutiefst beeindruckt: in St. Peter und an der Gregoriana konnte ich Menschen so vieler und unterschiedlicher Völker und Kulturen begegnen. Das trug dazu bei, daß ich mich entschloß, nach der Philosophie auch Theologie zu studieren, wenn auch noch ohne letzte Entscheidung für das Priestertum. Diese Entscheidung fiel im dritten Studienjahr der Theologie. Am 29. Oktober 1933 wurde ich vom Kardinal-Vikar von Rom Marchetti-Selvaggiani zum Priester geweiht – mit der Verpflichtung, meine theologischen Studien noch ein Jahr lang fortzusetzen. Dann entschloß ich mich, das Doktorat anzustreben. So bin ich bis 1935 in Rom geblieben. In diesem Jahr bin ich nach Österreich zurückgekehrt; ich kam als Kaplan in meine Heimatdiözese St. Pölten. Wenig später, 1938, begann die NS-Diktatur, und die Kirche sah sich zum ersten Mal ihrer Freiheit beraubt. Ich war damals Religionslehrer in St. Pölten. Nach der Abschaffung des Religionsunterrichts durch die Nazis habe ich begonnen, in aller Stille die Jugend in der Sakristei des Domes zu sammeln.

Sie haben die Vorbereitung des „Anschlusses" erlebt. Diese Vorbereitung geschah durch Umtriebe österreichischer NS-freundlicher Kreise. Hatten Sie Kontakte zu solchen Kreisen? Welche Erinnerungen haben Sie an diese Zeit und an die Haltung der Kirche in Österreich gegenüber dem Phänomen der NS-Bewegung?

Der Nationalsozialismus, der offiziell behauptete, nicht gegen die Religion zu sein, hat sich sehr rasch als kirchenfeindlich erwiesen, zum Beispiel durch die Abschaffung des Religionsunterrichts, so daß wir in die Sakristei ausweichen mußten. Mit den Teilnehmern dieses „geheimen“ Religionsunterrichts, heute alles angesehene Fachleute auf verschiedenen Gebieten, bin ich immer noch in Kontakt.

Wie kam es zur NS-Machtergreifung in Österreich?

Hitler, der seit 1933 in Deutschland an der Macht war, hat sofort versucht, Österreich zu annektieren. Die Nationalsozialisten übten heftigen Druck auf Österreich aus. 1938 versuchte der Bundespräsident zunächst Widerstand zu leisten, aber angesichts des deutschen militärischen Einmarsches fiel die Entscheidung, ohne Blutvergießen die Tore zu öffnen. So verschwand Österreich von der Landkarte, der sogenannte „Anschluß“ war vollzogen.

Welche Haltung nahm die katholische Kirche Österreichs gegenüber dem „Anschluß“ ein?

Der Erzbischof von Wien, Kardinal Innitzer, war der Meinung, daß die deutschen Bischöfe, Kardinal Faulhaber und die anderen, eine zu harte Linie gegenüber dem NS-Regime bezogen hätten. Am Anfang suchte er also nach Möglichkeiten des Ausgleichs. Ich hingegen war mit den jungen Leuten, wie gesagt, „in den Katakomben“; wegen dieser Tätigkeit hatte ich so um 1940/41 den Eindruck, daß ich heute oder morgen im berüchtigten KZ Dachau landen könnte. Was mich gerettet hat, war die Tatsache, daß Hitlers Glückssträhne zu Ende war und sich der Krieg für die Nationalsozialisten ungünstig zu entwickeln begann. Aber ich war als „Stütze“ der jugendlichen Anti-NS-Aktivität in St. Pölten entdeckt worden.

Gab es Beziehungen zwischen dem deutschen und dem österreichischen Episkopat?

Es gab eine einheitliche Bischofskonferenz, die deutsche. Aber die österreichischen Bischöfe wurden sich bald der tragischen Realität bewußt. Ich war während des Krieges Kaplan in St. Pölten, zum Militärdienst wurde ich nicht eingezogen, aber ich mußte seelsorgliche Aufgaben im Rahmen der Militärseelsorge erfüllen.
Nach 1945 wurde Österreich von den vier Alliierten besetzt. Wien war viergeteilt. Ich habe in der sowjetisch besetzten Zone gelebt. Seltsamerweise haben sich die Sowjets während ihrer zehnjährigen Besatzungszeit zwar „um alles“ gekümmert, aber die kirchlichen Strukturen wurden nicht im mindesten angerührt.
Damals habe ich Russisch gelernt, aber es war nicht möglich, mit den sowjetischen Soldaten in Kontakt zu treten, weil sie in ihrer Bewegungsfreiheit eingeschränkt waren.

Im Jahr 1952 wurden Sie zum Bischof geweiht. Warum wurde Ihnen diese Aufgabe übertragen; wer hatte die Initiative ergriffen?

Ich habe bis 1949 in Mittelschulen Religionsunterricht erteilt und dann bis 1952 an der damaligen philosophisch-theologischen Fakultät in Salzburg gelehrt. In dieser Zeit habe ich auch die drei Bände des Werks „Christus und die Religionen der Erde“ publiziert. 1952 wurde ich dann zum Bischof-Koadjutor mit dem Recht der Nachfolge in St. Pölten ernannt. Die Ernennung wurde vom Nuntius vorgeschlagen, aber ich weiß nicht, aus welchen Motiven.

Vier Jahre später wurden Sie zum Erzbischof von Wien ernannt. Warum?

Die Ernennung hatte eine mühsame Vorgeschichte. 1950 war der frühere Sekretär Kardinal Innitzers, Dr. Franz Jachym, zum Bischof ernannt worden. Der Kardinal wollte ihn selbst im Stephansdom zum Bischof weihen. Aber am Tag der Weihe erklärte Jachym während der feierlichen Liturgie im vollbesetzten Stephansdom, er sei des bischöflichen Amtes nicht würdig. Noch mit den Paramenten bekleidet, verließ er den Dom und suchte in einem Schwesternkonvent Zuflucht. Alle fragten sich natürlich, warum er seinen Entschluß nicht schon früher kundgetan hatte. Auch ich habe das eigentlich nicht verstanden. Er hat dann dem Papst einen detaillierten Brief über die Gründe seines Verzichts geschrieben. Trotzdem war der Apostolische Nuntius in Wien weiterhin für seine Ernennung.
Einige Monate später wurde Dr. Jachym nach Rom berufen und in der Kirche Santa Maria dell'Anima zum Bischof geweiht. Er war angesichts des prekären Gesundheitszustands Kardinal Innitzers zum Koadjutor für die Erzdiözese Wien ernannt worden. Nach dem Tod Innitzers wurde er zum Kapitelvikar gewählt. Alle, mich eingeschlossen, waren sich sicher, daß Jachym Innitzer nachfolgen würde. Plötzlich habe ich dann einen Brief des Nuntius erhalten,

mit dem er mir den Entschluß des Papstes mitteilte, mich zum Erzbischof von Wien zu ernennen. Ich habe sofort abgelehnt und dem päpstlichen Vertreter die schwierige Situation der Erzdiözese Wien und das Nachfolgerecht Dr. Jachyms begreiflich zu machen versucht. Ich bat den Nuntius, nach Rom zu fahren und meine Gründe darzulegen. Auf seinen Hinweis, daß er als päpstlicher Vertreter nicht einfach in Rom auftauchen könne, ohne ausdrücklich gerufen zu sein, habe ich mich entschlossen, selbst zu fahren. Das war ein Ratschlag des Nuntius. Die einzige Bedingung war, daß die Reise geheim bleiben müßte. Also fuhr ich unter dem Vorwand, eine kranke Tante besuchen zu müssen, von St. Pölten nach Wien. Nur mein Bischof kannte die wahre Situation.

Als ich in Rom angekommen war, ging ich in den Damasus-Hof des Vatikans, wo ich Msgr. Tardini traf, den ich begrüßte, der mich aber nicht erkannte. Daraufhin ging ich in die Amtsräume des Päpstlichen Staatssekretariats und ersuchte um eine Begegnung mit Msgr. Tardini. „Wer sind Sie?“ hat mich der Vorzimmerbeamte gefragt: „Ich kann meinen Namen nicht nennen, weil ich in geheimer Mission unterwegs bin“, war meine Antwort. Tardini hat dann meine Zurückhaltung bei der Namensnennung sehr begrüßt. Nachdem ich ihm das Problem dargelegt hatte, telephonierte er vor mir mit Pius XII., der mich gleich sprechen wollte. Ich wurde als ein „deutscher Prälat“ angekündigt. Pius XII. hörte mich an und sagte dann: „Jetzt fahren Sie nach Wien zurück, und warten Sie dort auf die Entscheidungen, die ich treffen werde.“ Nach meiner Rückkehr schilderte ich dem Nuntius die Ergebnisse meiner Reise. Er hat mir zu verstehen gegeben, daß mich der Heilige Stuhl wahrscheinlich nicht zum Erzbischof von Wien ernennen würde.

Einige Tage später kam der damalige Außenminister Leopold Figl zu mir, um mir die Ernennung mitzuteilen; die Regierung war konkordatsgemäß verständigt worden und hatte nichts einzuwenden gehabt.

Wenig später erhielt ich die offizielle Ernennungsurkunde. Ich bin sofort zu Dr. Jachym gegangen und habe ihm alle Hintergründe aufgedeckt. Jachym verstand, daß von meiner Seite keinerlei persönlicher Ehrgeiz vorlag. Von da an wurde er mein wichtigster, immer getreuer und loyaler Mitarbeiter als Erzbischof-Koadjutor. Bis kurz vor seinem Tod war er viele Jahre lang mein Generalvikar.

Welche Ausrichtung haben Sie Ihrer Arbeit gegeben, als Ihnen die Kirche von Wien anvertraut wurde?

Ich habe zunächst damit begonnen, die Priester aufzusuchen. Zuerst bei vorher angekündigten Privatbesuchen, um Bekanntschaft zu schließen, dann im Rahmen der kanonischen Visitationen der Pfarren – und das sind in der Erzdiözese Wien mehr als sechshundert. Man sagt, aber ich weiß nicht, ob das stimmt, daß ich der erste Erzbischof von Wien war, der alle Pfarren der ausgedehnten Diözese wenigstens einmal besucht hat. In jeder Pfarre habe ich auch die Schulen mit allen Klassen besucht, so daß ich mich bei jedem Pfarrbesuch mehrere Tage aufgehalten habe. Ich habe auch die im jeweiligen Pfarrgebiet gelegenen großen Betriebe besucht. Das war sicher eine „Premiere“. Insgesamt ging es mir um den Kontakt mit möglichst allen.

Welche Probleme hatte Kardinal Innitzer hinterlassen?

Da war das Problem des Konkordats und dann das ganze Gewicht der jüngsten Geschichte Österreichs und der Rolle der Kirche dabei.

Vor dem Zweiten Weltkrieg hat die katholische Kirche in Österreich direkt in die Politik eingegriffen. Nach dem Krieg hat sie sich für den Weg der „Äquidistanz“ zwischen den beiden großen Parteien, der Sozialistischen Partei und der Volkspartei, entschlossen. Wie war Ihre Haltung in dieser Frage, und welche Ausrichtung sehen Sie für die Zukunft?

Das Wort Äquidistanz habe ich nie gebraucht. Ich möchte unterstreichen, daß es nach meiner Auffassung die Parteien selbst sind, die ihre Distanz zur Kirche bestimmen. Die große Mehrheit der aktiven Katholiken wählt in Österreich die Volkspartei, eine Minderheit die Sozialistische Partei. Mir ist es immer darum gegangen, aufzuzeigen, daß die Kirche alle akzeptiert; sie weiß, daß es überall, in allen Parteien, Katholiken gibt. Aber es ist Sache der Parteien, ihre Distanz zur Kirche festzulegen.

Wie funktioniert in Österreich das Konkordat?

Es funktioniert sehr gut. Nachdem das Konkordat von 1933 einmal anerkannt war, hat niemand mehr Einwendungen gehabt. Die Beziehungen zwischen Staat und Kirche sind an sich sehr gut. Es gibt Religionsunterricht in den Schulen, der Klerus wird von

der Kirche bezahlt, aber die Regierung unterstützt die Aufgaben der Kirche auch finanziell, indem sie zum Beispiel die Religionslehrer, an den katholischen Privatschulen aber auch die Lehrer aller Fächer, bezahlt. Der Nuntius hat großes Prestige.
Aber die Handhabung des Konkordats darf natürlich nicht darüber hinwegtäuschen, daß es auch in Österreich wie in den meisten anderen europäischen Ländern harte Konflikte vor allem um den Schutz des menschlichen Lebens von der Empfängnis an gegeben hat.

Im Januar 1969 begann in Wien die Diözesansynode. Was war ihr Zweck?

Die beim Konzil für die universale Kirche diskutierten und verabschiedeten Beschlüsse sollten auf die diözesane Ebene angewendet werden.

Die Diözesansynode hat bei ihren verschiedenen Sessionen alle jene Probleme behandelt, die das Konzil für die Erneuerung der Kirche aufgeworfen hatte. Der Geist des Konzils wurde dabei voll akzeptiert – von der Laienpredigt bis zu den verheirateten Diakonen, von der Liturgiereform bis zum Einsatz der laisierten Priester, bis hin zu einem weitgefaßten Ökumenismus. Waren Sie mit den Beschlüssen dieser Versammlung zufrieden? Welche Früchte hat die Synode für die Erzdiözese Wien gebracht?

Ich hatte Erzbischof Jachym zum Vorsitzenden der Synode ernannt, er leitete sie sehr gut. Ich habe natürlich als Erzbischof an den Sitzungen teilgenommen, mit den Resultaten war ich durchaus zufrieden. Was die von Ihnen zitierten laisierten Priester betrifft, wurde das Problem behandelt, ob sie weiter in der Verkündigung eingesetzt werden können; die Synode war sich einig, daß das nur in einigen ganz besonders gelagerten Fällen möglich sein kann. Insgesamt hat sich die Kirche von Wien bei der Synode sofort jenen Problemen gestellt, die auch heute noch in der Weltkirche diskutiert werden; und die Kirche von Wien hat auch sofort nach Lösungen für diese Probleme gesucht.

In der „Frankfurter Allgemeinen Zeitung" vom 3. März 1982 haben Sie entschieden gegen den Atomkrieg und auch gegen die These vom „gerechten Krieg" Stellung bezogen. Sie stellten die Frage, wie man heute noch von einem gerechten Krieg sprechen könne, und forderten die Reduzierung der Atomwaffen in Ost und West. Warum konkretisiert die Kirche in Österreich angesichts ihrer geographischen Position diese Auffassung vierzig Jahre nach Hiroshima nicht durch entsprechende Initiativen bei den Regierungen in Ost und West? Und warum bezieht sie in eine solche Initiative nicht auch andere europäische Kirchen ein?

Ich bin überzeugt, daß ein künftiger verabscheuenswürdiger Krieg ein Atomkrieg wäre. Und Atomkrieg bedeutet heute das Ende der Menschheit. Wer heute den Krieg akzeptiert, akzeptiert daher das Ende der Menschheit. Wie ist es da noch möglich, von gerechtem Krieg zu reden?
Auf diesem Hintergrund habe ich versucht, die von Ihnen zu Recht gestellte Frage anzugehen. Von Regierungsseite bin ich aber auf die neutrale Position Österreichs hingewiesen worden. In meinen Stellungnahmen hatte ich mir die Linie des Papstes in

dieser Frage zu eigen gemacht. Wir als Kirche in Österreich sind gerade wegen der Neutralität des Landes in einer schwierigen Position; konkrete Initiativen, die über die Sensibilisierung der öffentlichen Meinung (was wir tun) hinausgehen, sind daher schwierig, wenn nicht unmöglich.

Fast gleichzeitig mit Ihrer Stellungnahme gab es eine Polemik des damaligen Bundeskanzlers Bruno Kreisky gegen die katholische Kirche Polens. Kreisky meinte, die Kirche sei „unfähig", eine Arbeiterbewegung wie „Solidarnosc" zu führen, er verglich die Haltung der Kirche Polens mit den politischen Interventionen der Kirche in Österreich in den dreißiger Jahren. Sie hatten dann eine Begegnung mit Kreisky. War das das Thema dieses Gesprächs, und welche Resultate brachte es?

Ich erinnere mich gut an dieses Gespräch mit Kreisky im Zusammenhang mit seiner von Ihnen geschilderten Stellungnahme. Ich habe seine Thesen zurückgewiesen. Er ist zwar bei seiner Haltung geblieben, aber er hat wenigstens die Schärfe gemildert.

Wie in allen Teilkirchen leidet auch die Kirche Österreichs an einer Krise der geistlichen Berufungen. Der Österreichische Synodale Vorgang hat die Frage der Weihe bewährter verheirateter Männer („viri probati") diskutiert. Wie haben Sie diese Diskussion empfunden, und was ist Ihre Überzeugung in diesem Zusammenhang?

Ich erkenne das Problem und seine Bedeutung. Beim Österreichischen Synodalen Vorgang waren einige für die Weihe der „viri probati", aber die Mehrheit hatte ihre Zweifel. Ich habe mich daran erinnert, was mir beim Konzil ein protestantischer Pastor gesagt hat: Verteidigt den Zölibat, er ist wichtig für den Priester. Sicher war der Klerus in der Kirche des Altertums verheiratet, aber es ist auch wahr, daß der Zölibat des Klerus ein Zeichen des Glaubens und der Transzendenz ist. Aber das Problem ist nicht wegzuleugnen.

Halten Sie es für möglich, daß der verpflichtende Zölibat für die Priester aufgehoben wird und den Frauen der Zugang zum Priestertum ermöglicht wird?

Ich glaube nicht, daß man dieses Problem in dem Sinn lösen kann, daß es zur Priesterweihe von Frauen kommt. Zölibat und Priestertum der Frau sind zwei verschiedene Probleme, die verschiedene Schwierigkeiten aufweisen.

Wie verhält sich die Kirche in Österreich zur Abtreibung?

Die Abtreibung ist gegen die menschliche Natur, sie ist gegen das Evangelium, das Tötung und Mord verbietet. Es geht um das Leben eines Kindes im Mutterschoß. Wir müssen das ernstnehmen, was die Ärzte einhellig sagen, daß nämlich das menschliche Leben unmittelbar mit der Empfängnis beginnt. Wenn man also das menschliche Leben in dieser Phase angreift, wird das Lebensrecht eines vollkommen Wehrlosen verletzt.

Gibt es in Österreich die gesetzliche Freigabe der Abtreibung?

Die sogenannte „Fristenlösung" wurde 1974 eingeführt. Die Sozialistische Partei hatte die entsprechende Initiative ergriffen. Ich habe sehr oft für das Lebensrecht der Ungeborenen gesprochen. Aber das Fristenlösungsgesetz wurde von der damals allein regierenden Sozialistischen Partei im Parlament mit ihrer Mehrheit durchgedrückt.

Wie ist die Haltung der Kirche in Österreich zur Frage der „wiederverheirateten Geschiedenen"?

Das Problem der wiederverheirateten Geschiedenen bleibt akut. Das Sakrament der Ehe muß verteidigt werden. Wer geschieden und zivil wiederverheiratet ist, kann die Sakramente nicht empfangen, nicht neuerlich kirchlich heiraten. Aber es ist klar, daß man hinsichtlich der Zulassung zu den Sakramenten in tragischen Einzelfällen individuelle Lösungen suchen muß. Auf jeden Fall bleibt es ein schwieriges Problem.

Im September 1983 hat die katholische Kirche Österreichs nach fast zehn Jahren wieder einen Katholikentag gefeiert. Wie kam es zu dieser Initiative?

Im Unterschied zu Deutschland gibt es in Österreich alle acht bis zehn Jahre einen Katholikentag. Der Katholikentag von 1983 konzentrierte sich auf Wien, weil er mit dem Papstbesuch in Österreich verbunden war, der sich – mit Ausnahme Mariazells – auf Wien beschränkte. Der Papst hätte gern auch andere Städte besucht, aber ich wies ihn darauf hin, daß auf diese Weise der Katholikentag seiner Bedeutung entleert würde. Der Papst verstand das und akzeptierte die Beschränkung auf Wien.

Die Presse und alle Massenmedien haben in wirklich lobenswerter Weise mitgetan, so daß ganz Österreich beim Katholikentag „dabei“ war. Am Katholikentag und an den Vorbereitungstagungen nahmen Vertreter der Katholiken aus ganz Österreich teil, die Probleme der Kirche wurden offen besprochen. Vor allem aber wurde der gemeinsame Glaube sichtbar gefeiert.

Bei der Eröffnung des Katholikentages 1983 haben Sie unter anderem festgestellt: „Hören wir auf mit dem alten Bild von der Kirche. Die Kirche, das sind nicht nur die Bischöfe, das ist nicht nur eine weit entfernte Institution. Kirche, das sind wir alle, alle Getauften gemeinsam.“
War das ein Versuch, den Abstand zwischen dem Volk und der Hierarchie zu überwinden, die in Österreich traditionellerweise ihre bürokratische Rolle aufrechtzuerhalten scheint?

Es hat in der Kirche die Tendenz gegeben, das Volk und die Hierarchie zu trennen. Der Bischof ist nicht der Herr oder Herrscher der Kirche, im Gegenteil, er muß dienen. Den Laien muß auch institutionell mehr Raum gegeben werden. Das war der Sinn meiner Eröffnungsansprache, in der sich die Linie des ganzen österreichischen Episkopats spiegelt.

Der Katholikentag wurde mit dem Papstbesuch verbunden. War das nur eine Initiative des Episkopats oder sind auch die Laien konsultiert worden?

Die Vorbereitungskommission bestand in ihrer Mehrheit aus Laien: es war diese Kommission, die sich für die Verbindung von Katholikentag und

Papstbesuch ausgesprochen hat. Katholikentag und Papstbesuch bildeten *ein* Ereignis.
Es war das erste Mal, daß der Papst zu einem Katholikentag eingeladen war; die Visite des Papstes war perfekt in den Katholikentag integriert. Der Papst ist nicht nur gekommen, um einen Höflichkeitsbesuch abzustatten und Reden zu halten, er kam vor allem, um zu hören. Etwa bei der Begegnung mit der Jugend hat er stundenlang zugehört, um dann erst seinen Beitrag zu bringen. Der Besuch des Papstes war harmonisch verwoben in dieses für Österreich sehr wichtige kirchliche Großereignis. Der Katholikentag war länger als ein Jahr vorbereitet worden. Anfänglich hatte es gewisse Zweifel wegen der Verbindung von Papstbesuch und Katholikentag gegeben, so als ob der Papstbesuch inhaltlich den Katholikentag aushöhlen könnte. Dann mußten aber alle feststellen, daß das Gegenteil der Fall war. Der Papstbesuch gab dem Katholikentag noch mehr lebendige Kraft und Konkretheit.

Woran dachten Sie während der Europa-Vesper auf dem Wiener Heldenplatz, die als einer der eindrucksvollsten Momente des Papstbesuchs bezeichnet wird? Woran dachten Sie insbesondere im Hinblick darauf, daß Sie in den vergangenen Jahren so oft die Grenzen nach Osteuropa überschritten und die Möglichkeit des einigen Europas erprobt hatten?

In diesem gefühlsmäßig sehr dichten Augenblick stand die Idee Europas im Vordergrund, da Österreich ja an der Trennlinie zwischen Ost und West liegt. In meiner Ansprache habe ich an die Bedeutung der Donau erinnert, die Europa über die heute existierenden Grenzen hinweg verbindet. Diese Grenzen können das Gefühl der Einheit nicht zerstören, das die Völker auch heute noch wahrnehmen. Das ließ sich zum Beispiel 1985 in Mähren feststellen, als das Volk bei der 1100-Jahr-Feier des Todes des heiligen Method in Massen nach Velehrad strömte – trotz des Widerstands der politischen Kräfte, die bei dieser Gelegenheit nicht die Oberhand behielten.

Was haben Sie, der Sie in den letzten fünfundzwanzig Jahren so oft die Grenzlinie überschritten haben, die Europa durchtrennt, empfunden, als Sie den slawischen Papst in Wien, so nah dieser Grenzlinie, sahen?

Der Besuch selbst hat die Notwendigkeit einer größeren Einheit unterstrichen, die über die heutigen Grenzlinien hinausgeht, auch die Notwendigkeit einer Rückkehr zu den Quellen Europas.

Der Papst war Ihr Gast in Wien, wo er sich so oft als Bischof und Kardinal von Krakau aufgehalten hat. Haben Sie sich gemeinsam an diese Zeiten erinnert?

Wie bei jeder Reise hat der Papst auch in Wien in der Nuntiatur gewohnt. Vielleicht hätte er es vorgezogen, in meinem Haus zu wohnen, wo er in den zwanzig Jahren davor so oft zu Gast gewesen war. Aber das hätte eine Ausnahme dargestellt und damit vielleicht bei anderen Reisen Schwierigkeiten mit sich gebracht.
Aber der Papst war lange Zeit bei mir, zum Mittagessen mit den österreichischen Bischöfen, vor denen er

eine sehr gute Rede gehalten hat. Man hat ihm eine gewisse Bewegtheit angemerkt, denn er fühlte sich wie zu Hause. Wir haben uns an die Vergangenheit erinnert. Bei dieser Gelegenheit und in dieser Stimmung habe ich wieder darauf gedrungen, daß er mein Rücktrittsgesuch als Erzbischof von Wien annimmt, das ich bereits geraume Zeit zuvor eingereicht hatte. Nach dreißig Jahren als Erzbischof von Wien wollte ich für meine zahlreichen Aktivitäten freier sein. Aber noch einmal hat er nur geantwortet: „Wir werden sehen."

Wie hat sich die Kirche in Österreich in diesen Jahren der Säkularisierung verändert?

Auch die – pastoral sehr schwierige – Kirche von Wien hat unter diesem europäischen Phänomen gelitten. Die öffentliche Meinung ignoriert nahezu völlig Fragen der Religion. Der Individualismus herrscht und führt zu dem Grundsatz: „Christus ja, Kirche nein." Gerade dem Phänomen der Säkularisierung muß man noch mehr eine freie, wohlvorbereitete Laienschaft entgegenstellen, die in der ganzen Kirche Gehör findet.

8. KAPITEL
Die Kirche auf dem Weg ins dritte Jahrtausend

Zwanzig Jahre nach dem Abschluß des Konzils wurde in der Kirche von Restauration geredet. Man meinte, daß die ersten zwanzig Jahre der Nachkonzilszeit für die katholische Kirche ausgesprochen ungünstig verlaufen seien. Die Ergebnisse des Konzils seien den Erwartungen aller, angefangen von Johannes XXIII. und Paul VI., diametral entgegengesetzt gewesen. Was meinen Sie dazu?

Ich würde sagen: Wenn es auch in Westeuropa da und dort Verwirrung gibt, muß man bedenken, daß die wahre Kraft der Kirche heute in anderen Kontinenten zu suchen ist: in Afrika vor allem, und zum Teil auch in Lateinamerika und in Asien. Der Schwerpunkt der Kirche ist nicht mehr in Europa. Auf jeden Fall bin ich heute alles andere als ein Pessimist – trotz allem, trotz der Tatsache, daß es in der Kirche angesichts des gleichzeitigen Vorhandenseins menschlich-allzumenschlicher und evangeliumsgemäßer Aspekte immer Probleme gegeben hat. Ich sehe eine positive Entwicklung der katholischen Kirche und ein Wachstum ihres Einflusses.

Aber hat Ihrer Ansicht nach das Konzil nicht auch in Europa wohltätige Auswirkungen gehabt?

Zweifellos auch in Europa, aber hier sind viele Konzilsdokumente toter Buchstabe in den Bibliotheken

geblieben. Zum Beispiel spricht man zu viel über die Liturgie, als ob die Liturgie das einzige beim Konzil behandelte Problem gewesen wäre. Und dann mißt man vorwärtsstürmenden Randgruppen zu viel Bedeutung zu, während man den wahren Fortschritt vernachlässigt, den das Zweite Vatikanische Konzil als erstes in der Kirche gebracht hat, durch die Anerkennung des Eigenwertes der Geschichte, der Wissenschaft, der Künste – also all jener menschlichen Kategorien, die hundert Jahre früher mit dem „Syllabus" (1864) feierlich zurückgewiesen und dann neuerlich in der Enzyklika „Pascendi" (vom Jahr 1907) verurteilt worden waren.
Und warum sollte man vor dem letzten Konzil Angst haben oder es gar als unheilbringend zurückweisen, wenn doch historisch gesehen das Gegenteil wahr ist? Karl Rahner hat mit vielen anderen darauf hingewiesen: Die Kirche ist beim Konzil neu geworden, weil sie Weltkirche geworden ist. Als solche sagt sie der Welt eine Botschaft, die – wenn sie auch immer schon der Kern der Botschaft Jesu war – heute bedingungsloser und mutiger verkündet wird als früher.

Kardinal Ratzinger stellte fest: „Wenn wir unter ‚Restauration' die Suche nach einem neuen Gleichgewicht verstehen, nach all den Übertriebenheiten einer wahllosen Öffnung zur Welt, nach den positiven Interpretationen einer agnostischen und atheistischen Welt; nun gut, dann wäre eine ‚Restauration', die in diesem Sinn verstanden wird (also ein neugefundenes Gleichgewicht der Orientierungen und der Werte innerhalb des katholischen Ganzen), durchaus wünschenswert, im *übrigen ist sie in der Kirche bereits im Gange. In diesem Sinn kann man sagen, daß die erste Phase nach dem II. Vaticanum zu Ende ist."* Diese Stellungnahme hatte im nachdenklichen Teil der Kirche einen gewissen Schock ausgelöst. Was ist Ihre Meinung in dieser Hinsicht?*

Wenn man den Akzent auf den Begriff „restaurieren" legt, dann vermittelt das ein Gefühl des Heimwehs nach der Vergangenheit. Man muß sich aber vor Augen halten, daß das Zweite Vatikanische Konzil fast hundert Jahre nach dem letzten Konzil abgehalten worden ist.

Die Kirche der Vergangenheit hat jede neue Entwicklung der Geschichte voll Angst betrachtet, sie fühlte sich getrennt von der Welt, in der sie das Böse an sich sah. Das Konzil hat diese Auffassung umgedreht: Die Kirche öffnete sich auf die Geschichte hin, zu den Nichtchristen, zur ökumenischen Bewegung. So wurden die Grundlagen für jene drei vatikanischen Sekretariate** gelegt, die für die Verwirklichung der Öffnung sehr wichtig sind. Heute gibt es viele, die nicht gläubig, aber suchende Menschen sind. Durch die drei Sekretariate, die Paul VI. mit Entschiedenheit wollte und deren Entwicklung er aufmerksam verfolgte, begegnet die Kirche der Menschheit so, wie sie ist.

Man kann daher kein neues Gleichgewicht im geschilderten Sinn wünschen, weil das de facto eine

* Zitate nach der deutschen Ausgabe: *Joseph Kardinal Ratzinger,* Zur Lage des Glaubens. Ein Gespräch mit Vittorio Messori, München–Zürich–Wien 1985, hier S. 36. (Anm. d. Übers.)

** Sekretariat zur Förderung der Einheit der Christen; Sekretariat für die Nichtchristen; Sekretariat für die Nichtglaubenden.

Zurückstufung des Geistes des Konzils bedeuten würde, auch wenn es theoretisch anders sein könnte. Die extremistischen Randgruppen – die es bei jeder großen historischen Entwicklung gegeben hat – können eine Grundsatzentscheidung gegenüber der sicher nicht vom Glauben beherrschten Geschichte nicht rückgängig machen. Diese Entscheidung hat das Zweite Vatikanische Konzil getroffen, Johannes XXIII. hat sie mit der wahrhaft historischen Eröffnungsrede voll unterstützt, Paul VI. mit den nicht minder bedeutsamen Schlußreden, in denen er sich offen und ohne Reserven die Erklärung über die Religionsfreiheit und die Konstitution „Gaudium et spes" zu eigen machte. Wenn sich das Konzil in einer von Johannes XXIII. nicht vorhergesehenen Weise entwickelt hat, dann geschah das einzig und allein, weil sich die Mehrheit zu einer völlig neuen Auffassung gezwungen sah. Diese Auffassung war der von der Zentralkommission in Rom vertretenen entgegengesetzt; alles wurde wieder zur Diskussion gestellt – und zwar im Geist jener Eröffnungsrede, über die sich die Führer der traditionellen römischen Richtung als erste verwundert hatten.

*Der Präfekt der Glaubenskongregation stellte zur Kirchenreform fest: „Folglich bedeutet wahre ‚Reform' nicht so sehr, uns abzumühen, um neue Fassaden zu errichten, sondern . . . wahre ‚Reform' ist dort, wo wir uns bemühen, das Unsere soweit wie möglich verschwinden zu lassen, damit das Seine, das Christus Gehörende besser sichtbar wird."**
Sehen Sie das auch so?

* A.a.O., S. 53 f.

Die Konzilien tendieren alle – und das Vaticanum II ist dafür das letzte eindrucksvolle Beispiel – zur Reform der menschlichen Strukturen der Kirche, der sogenannten Institution. Der berechtigte Hinweis auf Christus enthebt uns nicht der Notwendigkeit, die menschlichen Strukturen der Kirche, jene Strukturen, um deretwillen die Kirche als „hierarchisch" definiert wird, ständig zu reformieren, sondern verstärkt diese Notwendigkeit vielmehr. Die Arbeit, die das Konzil in dieser Richtung geleistet hat und die es weiterzuführen gilt, ist alles andere als ein Abmühen um neue Fassaden. Ich würde zumindest sagen, daß es sich hier um eine einseitige Sicht der Kirche handelt.

Ist die Definition noch gültig, wonach die Krise der Kirche von heute vor allem eine Krise der Priester und der Ordensleute ist? Sind nicht auch die Laien Kirche, und könnten sie nicht in gewissem Sinn sogar die Priester und Ordensleute lehren, authentischer Kirche zu sein?

Das stimmt. Wenn es sich in der Vergangenheit um eine Krise des Klerus zu handeln schien, so bezieht die Krise von heute alle ein. Nur die Priester zu sehen, ist eine klerikale Auffassung der Kirche.
Es hat in den letzten Jahren ohne Zweifel eine Krise des Priesters gegeben, seines Wesens und der Art der Ausübung seiner Mission. Aber es hat sich dabei auch um eine Wachstumskrise gehandelt, in dem Sinn, daß die von vielen falschen Problemen zugedeckte Authentizität des Priesters wieder entdeckt worden ist. In der Vergangenheit hat man sich oft aus Traditionsgründen, oder weil es keine andere

Wahl gab, für das Priestertum entschieden. Es war oft die Entscheidung für einen saft- und kraftlosen Lebensstand; eine falsche Spiritualität und die alte negative Auffassung der Geschichte führten dazu, daß solche Menschen oft wie zerstört waren.

Kardinal Ratzinger stellte fest: „Keine Bischofskonferenz hat als solche eine lehramtliche Funktion. Entsprechende Dokumente verdanken ihr Gewicht allein der Zustimmung, die ihnen von den einzelnen Bischöfen gegeben wird." Und weiter: „Die entschiedene Neubetonung der Rolle des Bischofs ist in Wirklichkeit verhallt, oder sie droht durch die Einbindung der Bischöfe in immer straffer durchorganisierte Bischofskonferenzen mit ihren oft schwerfälligen bürokratischen Strukturen geradezu erstickt zu werden." Wie sehen Sie das, der Sie doch einer der Protagonisten des Konzils auch in Sachen Kollegialität waren?*

Die bischöfliche Kollegialität stellt – wie ich ausführlich dargelegt habe – einen der entscheidenden Punkte des Zweiten Vatikanischen Konzils dar. Das bedeutet, daß die Bischöfe auch zu gemeinschaftlicher Arbeit berufen sind, sie mußten auch eine kollegiale Mentalität entwickeln, die Gewohnheit, gerade als Bischöfe – und damit als Oberhäupter von Lokalkirchen mit eigener Vollmacht – gemeinsam zu arbeiten. Hundert Jahre lang war das nicht mehr geschehen, und eigentlich hätte man nicht bis zu einem neuen Konzil warten dürfen, damit das geschieht.
Eine der am nächsten liegenden Gelegenheiten, um eine solche kollegiale Mentalität zu erwerben, be-

* A.a.O., S. 59 f.

stand gerade in den nationalen Bischofskonferenzen, die vom Konzil einen wesentlichen Impuls empfangen haben.
Es ist klar, daß eine Bischofskonferenz kein Parlament ist. Sie hat daher keine Legislativgewalt, was im übrigen auch nie jemand behauptet hat. Aber das mindert nicht die grundlegende Bedeutung der Bischofskonferenzen vor allem bei der Lösung praktischer Fragen, die man gemeinsam angehen und gemeinsam entscheiden muß. Andererseits – wie ist es heute möglich, die Autorität des Bischofs in Zweifel zu ziehen, die gerade vom Zweiten Vatikanischen Konzil wiederentdeckt worden ist. Vor dem Konzil wurden die Bischöfe sozusagen nur als Funktionäre des Papstes betrachtet. Braucht denn eine Bischofskonferenz als Existenzgrundlage nicht Bischöfe mit voller Autorität?
Auch das Beispiel von Bischöfen, die von anderen getroffene Entscheidungen erdulden müssen, gilt nicht: das würde ja nichts anderes bedeuten, als die mangelnde Einsatzbereitschaft etlicher Bischöfe zu verherrlichen.
Die Bischofskonferenz bedeutet einen Anstoß zum Gemeinschaftssinn, zum Dialog, zum Verlassen des eigenen Gehäuses, an dem sich immer noch viele Bischöfe festklammern.

Die Konstitution „Gaudium et spes“ wird gelegentlich als übertrieben optimistisch bezeichnet. Stimmen Sie mit dieser Ansicht überein?

Wer so denkt, vergißt, daß dieses Dokument eine Wendung in der Auffassung der Kirche von der Geschichte bedeutet, eine Wendung, die das Zeitalter des „Syllabus“ und der Enzyklika „Pascendi“ abschließt. Hat die Kirche durch dieses Dokument nicht ein neues Selbstbewußtsein gefunden, nämlich als Volk Gottes Teil der menschlichen Geschichte geworden zu sein, um alle Zeiten und alle Grenzen der Völker zu überdauern? Gewiß, wenn man gewisse Formulierungen aus dem Zusammenhang reißt, könnten sie gewagt erscheinen. Insgesamt stellt aber „Gaudium et spes“ ein ausgezeichnetes, sehr positives und auch von den Nichtchristen geschätztes Dokument dar. Ich würde nicht von Optimismus sprechen, sondern von Realismus. Das heißt, die Kirche muß die Geschichte so betrachten, wie sie ist, im Grunde geht es um ein Dokument der Prinzipien. Andererseits bezeichnen die Kritiker von „Gaudium et spes“ sicher Dokumente wie den „Syllabus“ und die Enzyklika „Pascendi“ auch nicht als „pessimistisch“.

Hatten Sie Zweifel hinsichtlich der Abschaffung des für die ganze Kirche einheitlichen Katechismus, oder hat das den Gläubigen von heute geholfen, den Glauben besser zu verstehen?

Der einheitliche Katechismus war in der Vergangenheit nützlich. Heute muß man nach vorn schauen. Die deutsche Bischofskonferenz hat den ausgezeichneten, von den Prinzipien des Konzils inspirierten Erwachsenenkatechismus herausgebracht. Die österreichische Bischofskonferenz teilt die Ausrichtung dieses Katechismus und hat ihn auch für Österreich empfohlen.

Hat die biblische Exegese die Beschäftigung des Volkes mit der Heiligen Schrift in ihrer Gesamtheit – der die katholische Kirche bis zum Konzil mit einem gewissen Mißtrauen gegenübergestanden war – behindert, oder hat sie ihr Impulse gegeben?

Sicher können gewisse bibeltheologische Forschungen mit einseitiger Tendenz, die von der Offenbarung absehen wollen und die Bibel nur als menschliches Buch betrachten, Verwirrung anrichten. Aber es ist nicht zu leugnen, daß die Bibelwissenschaft für die Wiederentdeckung der Bibel als des zentralen Worts der Kirche grundlegend war und ist.

Sie sprachen immer wieder vom Dialog als dem Weg der Treue zum Wort Gottes einerseits und dem Versuch, immer neue Wege der Verkündigung in der Welt von heute zu finden, andererseits. Können Sie dieses Konzept erläutern, das die Intuition Johannes' XXIII. und des Konzils darstellte, das aber heute so etwas wie ein Hindernis im Inneren der Kirche geworden zu sein scheint?

Ich kann mir nicht vorstellen, wie ein so aufgefaßter Dialog zum Hindernis werden könnte. Sicher bleibt die Kirche immer die eine und einzige, aber das Kleid ändert sich. Daher sind die neuen Wege der Verkündigung sicher kein zweitrangiges Merkmal, sondern sehr wichtig, um sich verständlich zu machen.

Es gibt Stimmen, die meinen, daß die Kirche eine veränderte Strategie gegenüber der Welt verfolgen muß, da man den übertriebenen Optimismus des Konzils gegenüber der Geschichte erkannt hat und von seiner Korrekturbedürftigkeit überzeugt ist. Was denken Sie darüber?

Zu Beginn der sechziger Jahre – deren von den stürmischen Ereignissen der siebziger Jahre verdunkelte Bedeutung erst heute erkannt wird – war die Kirche im Gegensatz zu früher der Zeit voraus.
Sie versuchte (als einzige menschliche Gemeinschaft), sich im Inneren eine neue Struktur zu geben (Kollegialität und Volk-Gottes-Begriff) und die Fundamente für eine definitive Überwindung der Trennung zwischen den Christen zu legen (Ökumenismus), gegenüber den anderen an Gott Glaubenden eine positive Haltung einzunehmen (Dialog mit den anderen Religionen) und die eigene Geschichtsverflochtenheit zu entdecken, was zugleich die Anerkennung der Positivität der Geschichte („Gaudium et spes") und konsequenterweise auch der Religionsfreiheit bedeutete.
Wie ist es möglich, daß der Kirche – gerade da eine gelassenere historische Betrachtung der jüngsten Geschichte im Gang ist – ein Gefühl der Angst wegen der bisweilen sicher katastrophalen Entwicklungen der postmodernen Zeit aufgepfropft wird, ihr, die in den sechziger Jahren Vorreiterin war? Dieses Gefühl der Angst möchte die Kirche dazu führen, die Offenheit von damals zu bereuen und zur Waffe der Verurteilung zurückzukehren. Aber es wäre im Gegenteil notwendig, das Denken von damals auf die neue Realität anzuwenden, das „Aggiornamento" weiterzuführen, statt fast ausschließlich zur Selbstkritik zu schreiten. Die Kirche muß vorangehen und den Geist des Konzils erneuern: Sie muß ihn „nach vorn" verändern und darf nicht mit Furcht an ihn denken, denn die Wendung von damals bleibt ein unverrückbarer Meilenstein. Die Rede Papst Johan-

nes' XXIII. gegen die „Unglückspropheten" hat heute nichts von ihrer Aktualität verloren.

Muß sich die Evangelisierung im 21. Jahrhundert nicht auf die Förderung des Menschen stützen, in dem Sinn, daß durch die Verwirklichung und Besserung des Menschen das Heil beginnt?

Was die menschliche Förderung und die Suche nach einer Beziehung zwischen ihr und dem Glauben angeht, würde ich sagen: Glaube, der sich um die menschliche Förderung nicht kümmert, ist falsch, gerade weil durch die neue Sicht der Geschichte dieser ein besonderer Wert zuerkannt worden ist. Die Geschichte ist sicher nicht absolut, aber in ihrer Nicht-Absolutheit ist sie ein Wert. Sie ist ein Wert, von dem aus das Heil beginnt: Ich werde durch die Geschichte hindurch gerettet, durch das, was ich in der Geschichte tue und was ich den anderen gebe.

Ist unter diesem Gesichtspunkt nicht der Augenblick gekommen, in dem die Kirche jenseits der großen Diskussionen auch die positive Botschaft betrachten könnte, die der Atheismus heute einschließt?

Es gibt zwei Elemente im Atheismus: das negative in der Haltung gegenüber der Religion und das positive im Einsatz für die menschliche Förderung, für Gerechtigkeit, Gleichheit, Frieden. Diese Erkenntnis war eine der „Öffnungen", die durch das Sekretariat für die Nichtglaubenden bewirkt wurden.

Könnte die Neigung zum Atheismus bei vielen nicht ein noch tieferes Bedürfnis nach dem Transzendenten verbergen?

Oft handelt es sich um persönliche Erfahrungen, auf deren Hintergrund man etwas verurteilt, was man nicht gut kennt. Oft handelt es sich um erste negative Eindrücke, von denen man sich nicht mehr befreien kann. Man ist nicht gläubig, aber man hat Sehnsucht nach dem Glauben und setzt die Suche fort. In vielen Fällen handelt es sich auch um Mangel an ausreichender Erfahrung.

Daß sich die Ideologien heute in der Krise befinden, ist bekannt. Müßte sich da die Kirche nicht bei der Verteidigung der Rechte der Armen als unwiderrufbarer Entscheidung besonders engagieren?

Ich kann nichts anderes tun, als Ihre im guten Sinn „provokative", herausfordernde Frage zu unterschreiben. Was Sie sagen, stimmt sicher.

9. KAPITEL

Die Sondersynode über das Zweite Vatikanische Konzil

Im Schlußdokument der Sondersynode heißt es: „In nachkonziliarer Zeit gab es sicher auch Schatten, die teilweise aus mangelhaftem Verständnis und mangelhafter Anwendung des Konzils, teilweise aus anderen Gründen herrühren" (I 3). Würden Sie unter diesen nichtgenannten „anderen Gründen" nicht auch den Widerstand gegen die Anwendung des Konzils von seiten der zentralen Organe der Weltkirche sehen? Diese zentralen Organe hatten das Konzil ja eher „erduldet". Die Synode hat offen festgestellt, man könne keinesfalls behaupten, daß „alles, was sich nach dem Konzil ereignete, auch wegen des Konzils geschah". Dagegen hatte die Weltöffentlichkeit die Ökumenische Kirchenversammlung mehr als günstig aufgenommen.*

Im Schlußdokument der Außerordentlichen Bischofssynode, das von den Teilnehmern nach ausführlicher Diskussion und wiederholten Korrekturen gemeinsam verabschiedet worden ist, findet sich gleich eingangs eine Feststellung, die den Gerüchten von einer „Restauration" gegen das Vaticanum II

* Texte aus dem Schlußdokument nach der deutschen Übersetzung des lateinischen Originaltextes aus: *Synodus Episcoporum.* Verlautbarungen des Informationskomitees, Pressesaal des Heiligen Stuhls, 9. 12. 1985, Nr. 44, hier zitiert nach: Zukunft aus der Kraft des Konzils. Die außerordentliche Bischofssynode '85. Die Dokumente mit einem Kommentar von Walter Kasper, Freiburg 1986. (Anm. d. Übers.)

energisch entgegentritt: „Einmütig und freudig haben wir das Zweite Vatikanische Konzil als rechtmäßigen und gültigen Ausdruck und Interpretation des Glaubensschatzes (depositum fidei) geprüft und bestätigt, der in der Heiligen Schrift und in der lebendigen Tradition der Kirche enthalten ist. Deshalb haben wir beschlossen, den uns vom Konzil gewiesenen Weg fortzusetzen" (I 2). – Die breite Mehrheit der Gläubigen habe das Konzil mit großer Zustimmung aufgenommen; und auch außerhalb der katholischen Kirche habe man dem Vaticanum II große Bedeutung geschenkt. Bei der Rezeption des Konzils hätte man allerdings Schwächen und Schwierigkeiten festgestellt: „In nachkonziliarer Zeit gab es sicher auch Schatten, die teilweise aus mangelhaftem Verständnis und mangelhafter Anwendung des Konzils, teilweise aus anderen Gründen herrühren" (I 3). Diese „anderen Gründe" wurden in der synodalen Diskussion nur am Rande erwähnt. Der eine oder andere Teilnehmer aus Europa oder Südamerika hat damit lokale Schwierigkeiten andeuten wollen. Diese Schwierigkeiten wurden aber von keinem in Verbindung mit römischen Zentralstellen gesehen.
Diese Auffassung, daß es bei der Rezeption des Konzils „andere Gründe", das heißt spezielle Widerstände von römischen Zentralstellen gebe, ist eine zum Teil weit verbreitete Auffassung. Abgesehen von Einzelpersonen ist es bei der heute bestehenden Verfassung der römischen Kurie schwer vorzustellen, daß Abteilungen oder „vatikanische Organe" in der nachkonziliaren Zeit eine Obstruktion bei der Rezeption fortsetzen.
Mir scheint es wichtig, in diesem Zusammenhang

darauf hinzuweisen, daß das Vaticanum II selbst eine weitgehende Reform der römischen Kurie gewünscht und in die Wege geleitet hat. Vom Konzil selber wurden damals folgende Leitlinien aufgestellt: Die römische Kurie mit ihren verschiedenen Abteilungen sollte reorganisiert und erneuert werden. Es solle ein engerer Kontakt gesucht werden mit den verschiedenen Ländern und Riten.

Die zahlenmäßige Zusammensetzung, die Kompetenzen und Arbeitsweisen sollten neu geordnet werden. Die leitenden Personen der einzelnen Abteilungen sollten nach internationalen Gesichtspunkten ausgewählt werden, es sollten die Diözesanbischöfe vor allem als Mitarbeiter herangezogen werden, und bei der Arbeit der Kurie selber sollte man auch Laien konsultieren.

Diese Direktiven des Vaticanum II wurden von Papst Paul VI. sehr ernst genommen. Er hat eine Reorganisation der gesamten römischen Kurie in Angriff genommen und ein Dokument mit dem einleitenden Satz „Regimini ecclesiae universalis" (1964) veröffentlicht. Dieses Dokument hat eine weitreichende Umstellung und Erneuerung der Kurie zur Folge gehabt: Die Amtszeit der „Chefs" wurde auf 5 Jahre begrenzt. Eine Reihe von Diözesanbischöfen wurde als Mitglieder der einzelnen Dikasterien berufen. Von den 24 „Dipartimenti" sind 7 nach dem Konzil errichtet worden. Alle diese 24 Abteilungen haben bis zum vorigen Jahr 122 Dokumente veröffentlicht im Sinne der Direktiven des Konzils und im Sinne der Reorganisation der römischen Kurie.

Aus diesem Grund ist es unwahrscheinlich, daß sich ein Teil der Kurie dem Konzil gegenüber grundsätzlich negativ eingestellt hätte. Bei der heutigen internationalen Zusammensetzung ist eine solche negative Haltung von vornherein unwahrscheinlich. Daß einzelne Personen aus persönlichen Gründen in manchen Fragen verschiedene und abweichende Auffassungen haben können, ist immer möglich. Die Vermutung, daß von zentralen Organen antikonziliare Bestrebungen ausgehen, ist daher nicht gerechtfertigt.

Die Synode hat sich die Frage gestellt – ohne eine Antwort zu geben –, warum „besonders in der sogenannten Ersten Welt“ nach der „so breit und tief ausgefalteten Lehre über die Kirche so häufig eine Abneigung gegenüber der Kirche sichtbar wurde, obwohl auch dort die Früchte des Konzils überreich sind“, und der Bericht fährt fort: „Wo jedoch die Kirche etwa von einer totalitären Ideologie unterdrückt wird oder sie ihre Stimme gegen soziale Ungerechtigkeiten erhebt, scheint sie besser anerkannt zu werden“ (I 3).
Welche Antwort würden Sie geben?

Die letzte europäische Bischofsversammlung vor über einem Jahr hatte zum Thema die Rechristianisierung Europas. Bei dieser Bischofsversammlung wurde eingehend die Frage gestellt, wieso in Europa in weiten Kreisen eine „Abneigung gegenüber der Kirche“ anzutreffen ist. Man hat damals von der weitgehenden Säkularisierung gesprochen, die auch in die Kirche eingedrungen sei. Man hat darauf hingewiesen, daß eine einseitige soziologische Betrachtung der Kirche, falsche Demokratievorstellungen innerhalb von kirchlichen Gemeinden das Wesentliche in der Kirche zurückgedrängt haben: die Gründung durch Christus, die Verbindung mit Christus (der geheimnisvolle Leib Christi). Unter jungen Leuten begann das Schlagwort zu kursieren: Christus ja, Kirche nein. Überall dort aber, wo die Kirche verfolgt ist, wo sie zu Widerspruch und zur Selbstbehauptung herausgefordert wird, wo sie äußerer Hilfen beraubt ist, dort findet die Kirche rasch wieder zum Wesentlichen zurück, dort entdeckt sie das Geheimnis ihrer Kraft, die nicht nur im Menschlichen, sondern im Göttlichen liegt.

Unter den äußeren Gründen, die die Akzeptanz des Konzils in den zwanzig Jahren nach Konzilsende beeinträchtigt haben, nennt die Synode eine „auf ihre technischen Möglichkeiten stolze Ideologie" und einen „Immanentismus, der zum Götzendienst des materiellen Nutzens führt". Unter den inneren Gründen wird genannt „das unvollständige und selektive Lesen des Konzils und eine oberflächliche Interpretation seiner Lehre in verschiedener Hinsicht" (I 4).
Aber könnten nicht gerade diese inneren Schwierigkeiten die Ursache der äußeren sein?

Die Bischofssynode sah zwei Gründe für die Schwierigkeiten bei der Rezeption des Konzils: Die tieferen Gründe liegen in der in manchen Kreisen vorherrschenden Ideologie eines übertriebenen oder falschen Fortschrittsglaubens, eines übertriebenen Konsumismus und Materialismus. Vordergründig aber sind die Schwierigkeiten in einer oberflächlichen oder nur teilweisen Lektüre der Konzilstexte zu sehen sowie in einer Interpretation dieser Texte nach einer vorgefaßten Meinung.

Säkularismus und Rückkehr zum Mysterium: das waren die ersten Spezialthemen, mit denen sich die Synode auseinandergesetzt hat. Dabei hat man doch die konziliare Wendung neuerlich unterstrichen und damit auch einen der tragenden Pfeiler, der für das Zweite Vatikanische Konzil charakteristisch war und die völlige Überwindung der Vergangenheit bedeutete: „die berechtigte Autonomie der zeitlichen Dinge“ (II A 1). Warum ist man dann zu einem solchen Dualismus zurückgekehrt, wenn man durch die Entscheidung für die Autonomie bereits anerkannt hatte, daß es keinen Gegensatz zwischen „sacrum“ und „Autonomie der zeitlichen Dinge“ geben kann, weil die Geschichte eine einzige ist, die entweder zum Heil führt oder nicht, je nach den eigenen Verhaltensweisen? Bedeutet die neuerliche Aufnahme dieses Dualismus nicht in der Praxis, daß man die Autonomie nur auf dem Papier akzeptiert, während tatsächlich die Mentalität des „wir und die anderen“ aufrecht bleibt?

Das Konzil hat seinerzeit die berechtigte „Autonomie der zeitlichen Dinge“ bekräftigt. Und der Schlußbericht fügt hinzu: „Deshalb muß man eine im guten Sinne verstandene Säkularisierung annehmen.“ Ein Säkularismus aber, wie wir ihn nicht selten in Europa antreffen, der das Weltbild und Menschenbild loslöst aus jeder Verankerung in einer übernatürlichen und göttlichen Welt, entspricht nicht mehr der Auffassung des Konzils. Es besteht daher kein Gegensatz zwischen dem „sacrum“ und der irdischen Wirklichkeit, sondern ein innerer Zusammenhang, „weil die Wirklichkeiten des profanen Bereichs und die des Glaubens in demselben Gott ihren Ursprung haben“ (Pastoralkonstitution des Konzils „Gaudium et spes“, Nr. 36). Wenn aber die „Autonomie der zeitlichen Dinge“ so verstanden wird, daß die geschaffenen Dinge nicht von Gott abhängen und der Mensch sie daher ohne Bezug auf den Schöpfer gebrauchen kann, so ist eine solche Auffassung nicht mehr mit dem christlichen Glauben zu vereinen. Das Konzil selber (vgl. „Gaudium et spes“, Nr. 36) meinte: „Überdies wird das Geschöpf selbst durch das Vergessen Gottes unverständlich.“ Zwischen dem „sacrum“ (Geheimnis) und einer Autonomie der irdischen Wirklichkeiten besteht kein Gegensatz. Wenn Sie sagen, daß das „sacrum“ (Mysterium) eingeschlossen ist in die Autonomie der irdischen Wirklichkeit, dann kann ich beide noch theoretisch unterscheiden. Es gibt aber andere, die beides voneinander trennen. In diesem Fall führt der Dualismus zu einem Gegensatz. Die Synode wollte gerade diesen Dualismus überwinden und auf die Verbindung von „sacrum“ und Autonomie der irdischen Dinge hinweisen. Denn mit dem „sacrum“ oder Mysterium ist jene soziologisch nicht mehr faßbare Transzendenz gemeint, die hinweist auf die Abhängigkeit aller irdischen Dinge vom creator und redemptor, vom Schöpfer und Erlöser. Der Mensch kann dies im Geist erahnen, aber erst im Glauben erfassen. Das ist jene Autonomie, die im Lichte einer christlichen Offenbarung neue Tiefen und Zusammenhänge erschließt. Damit ist jener christliche Säkularismus gemeint, wie ihn das Schlußdokument der Synode beschreibt.

Die Zweifel, die ich in der vorangehenden Frage zum

Ausdruck gebracht habe, werden auch durch die Tatsache genährt, daß der zitierte Dualismus das erste Thema ist, das im Schlußdokument der Synode im Kapitel „Das Geheimnis der Kirche" behandelt wird. Das Bild der Kirche war die andere tragende Säule des Konzils; die ökumenische Versammlung hatte sich ja entschlossen, das Geheimnis durch die grundlegende Definition als „Volk Gottes" näher zu bringen. Das war eine sehr verständliche und konkrete Definition. Die Synode hingegen scheint sich fast bemüht zu haben, zu einer gewissen Nebelhaftigkeit zurückzukehren, denn sie unterstrich den Geheimnischarakter und stellte fest: „Wir können die falsche, einseitig nur hierarchische Sicht der Kirche nicht durch eine neue, ebenfalls einseitige soziologische Konzeption ersetzen" (II A 3).

Nun besteht aber das Geheimnis der Kirche in ihrem Zweck, sichtbare Zeugin des Unsichtbaren zu sein, nicht in ihrer Zusammensetzung. Sie ist eine Versammlung von Menschen, die den anderen absolut gleich sind, die aber an das Unsichtbare glauben, es in der Geschichte bezeugen und so jenes Reich ankündigen, das in seiner absoluten Vollendung „nicht von dieser Welt" ist, aber doch in dieser Welt beginnt. Die Kirche ist eine Versammlung, in der es verschiedene Dienste, aber nur einen Glauben gibt.

Warum ist man dann zum Begriff „Mysterium", „Geheimnis", zurückgekehrt – mit der subtilen, aber sichtbaren Absicht, den das Vaticanum II stützenden Begriff des Volkes zu entleeren oder zu bremsen?

Die Beschreibung der Kirche als „Volk Gottes" bleibt weiter gültig, genauso wie die anderen Bilder für eine Beschreibung der Kirche. Der vom Konzil bevorzugte Ausdruck „Volk Gottes“ ist in Verbindung zu sehen mit anderen Ausdrücken wie „Leib Christi“, „Braut Christi“, „Tempel des Heiligen Geistes“. Die Synode wollte auf jene Mißverständnisse hinweisen, die aus einem falsch verstandenen Ausdruck „Volk Gottes“ entstehen können. Wenn ich den Ausdruck „Volk Gottes“ oder „Familie Gottes“ nur soziologisch verstehe und in der Kirche eine Organisation sehe wie etwa die UNO, so ist jede Abhängigkeit von Christus eliminiert. Ich kann dann über die Strukturen der Kirche sprechen wie über die Strukturen anderer Großorganisationen. Das „Volk Gottes“ hat aber seinen Ursprung im Leben und Sterben und in der Auferstehung Christi. Der soziologische Aspekt von „Volk Gottes“ muß ergänzt werden durch den christologischen Aspekt, den ich ohne Glauben nicht verstehen oder erfassen kann. Das Mysterium der Kirche liegt nicht nur in ihrer Finalität, sondern ebenso auch in ihrem Wesen. Das Sichtbare des Gottesvolkes weist immer auf die unsichtbare Verbindung mit Christus hin.

Zeigt sich in der Besorgnis der Synode, die in den folgenden Feststellungen des Schlußberichts zum Ausdruck kommt („Eine genaue Exegese des ursprünglichen Sinnes der Heiligen Schrift, welche vom Konzil ausdrücklich empfohlen wird, kann nicht von der lebendigen Tradition der Kirche getrennt werden“: II B a 1, und: „Auf der anderen Seite berührt es uns schmerzhaft, daß mitunter in unseren Tagen theologische Diskussionen Ursprung für Verwirrung unter den Gläubigen waren“: II B a 3), nicht eine gewisse Angst vor der vom Konzil gewünschten stärkeren Beteiligung aller an der Entdeckung der Wahrheit auf dem Weg der Geschichte? Und begegnet man dieser Angst nicht mit einer Rückkehr zum Mysterium? Muß man auf der anderen Seite nicht ehrlich zugeben, daß es gerade das Konzil war, das die katholische Kirche zur Bibel zurückkehren ließ? Und waren nicht gerade jene Theologen als Ratgeber und „Periti" der Konzilsväter die wahren Erbauer des Konzils, die man in den vierziger und fünfziger Jahren unter der Beschuldigung, daß sie Verwirrung anrichten, mit den unterschiedlichsten Mitteln zum Schweigen gebracht hatte?

In dieser von Ihnen zitierten Stelle kommt nicht zum Ausdruck, daß die Synode Angst hatte vor exegetischen und theologischen Studien. Es ist vielmehr [an anderen Stellen] das Bedauern zum Ausdruck gebracht, daß die Heilige Schrift von den katholischen Christen zu wenig gelesen und verstanden wird. Für die Beschäftigung mit der Heiligen Schrift gilt immer das, was im Konzilsdokument von der göttlichen Offenbarung gesagt wird: „Da Gott in der Heiligen Schrift durch Menschen nach Menschenart gesprochen hat, muß der Schrifterklärer, um zu erfassen, was Gott uns mitteilen wollte, sorgfältig erforschen, was die heiligen Schriftsteller wirklich zu sagen beabsichtigten und was Gott mit ihren Worten kundtun wollte." Man müsse daher genau auf die vorgegebenen umweltbedingten Denk-, Sprach- und Erzählformen achten, die zur Zeit des Verfassers herrschten (vgl. Dogmatische Konstitution über die Offenbarung „Dei Verbum", Nr. 12). Das Konzil war der Meinung, daß die Zeit reif geworden sei, um auf jene

Anliegen der historisch-kritischen Methode zu achten, die für den Menschen unserer Zeit neue Zugänge zur Bibel eröffnen. Gewiß sind damit auch Konzilstheologen zu Worte gekommen, die erst in diesem Zusammenhang zu Brückenbauern im Sinne der Tradition und unserer gegenwärtigen Denkweise geworden sind. In diesem Zusammenhang wird in unserem Dokument darauf hingewiesen, daß gelegentlich durch theologische Diskussionen Verwirrungen unter den Gläubigen entstehen, wenn ein einseitiger Subjektivismus keine Verbindung zum Lehramt sucht. Es sei daher Aufgabe der Bischöfe als Hüter des Lehramtes und der kirchlichen Tradition auf das rechte Verständnis und die richtige Interpretation bzw. Aktualisierung derselben hinzuweisen. Neue Theorien und subjektive Interpretationen einzelner Theologen müssen immer auch den Dienst an den Gläubigen und an der Wahrheit christlicher Überlieferungen berücksichtigen. Daher ist aus gegebenem Anlaß ein Hinweis auf die notwendige Zusammenarbeit von Theologen und Bischöfen gemacht worden.

Auch die Anregungen der Synode zur Überwindung dieses Zustands werfen Fragen auf. Schließt ein „Katechismus beziehungsweise ein Kompendium der ganzen katholischen Glaubens- und Sittenlehre“, das „die rechte Lehre“ bietet „und zugleich dem modernen Lebenshorizont der Gläubigen angepaßt“ ist, nicht den Versuch ein, die Katechismen der einzelnen Kirchen in der Praxis überflüssig zu machen?

Während der Bischofssynode wurde der aus außereuropäischen Ländern kommende Vorschlag eines

Kompendiums katholischer Glaubens- und Sittenlehre sehr positiv aufgenommen. Der Vorschlag hat außerhalb der Synode bei manchen Theologen ein gewisses Mißtrauen hervorgerufen, als ob man damit die zentrale Steuerung der Lehre besser in den Griff bekommen wollte. In der Synode wurde aber der Wunsch nach einem solchen Kompendium stets mit dem Vorbehalt verbunden, daß damit die nationalen und regionalen Katechismen nicht abgeschafft werden, sondern eine „Orientierungshilfe" bekommen. Solche Glaubensbücher werden immer in den verschiedenen Sprachen abzufassen sein und auf die Inkulturation Bedacht nehmen. Durch das Vaticanum II ist die katholische Kirche noch mehr „Weltkirche" geworden und braucht daher zur Bewahrung der Einheit solche Orientierungen, wie es die Synode gemeint hat.

Pluralismus und Vielfalt: Warum eine solche Unterscheidung der Vielfalt von der Einheit, die durch den „Communio"-Begriff als der „zentralen und grundlegenden Idee der Konzilsdokumente" gegeben ist, da diese Vielfalt doch nicht im Wesentlichen – „Tod und Auferstehung Jesu Christi" – besteht, sondern in der Bedeutung, die diese Wahrheit im konkreten Ablauf der verschiedenen historischen Epochen annehmen muß? Jede Epoche hat ja – wie auch von der Synode anerkannt wurde – ihre besonderen Zeichen, die im Grunde in einer besonderen Offenbarung des Herrn bestehen, einer Offenbarung, die je nach geographischem Ort und nach Kultur unterschiedlich ist. Die kulturellen Unterschiede bleiben trotz aller leichteren Kommunikationsmöglichkeiten.

Für die Zukunft der Kirche wird es eine besonders große und schwierige Aufgabe sein, die Einheit in den wesentlichen Glaubensaussagen zu wahren, angesichts der Einwurzelung in den verschiedenen Völkern, Nationen und Rassen.
Am gemeinsamen Credo festzuhalten angesichts der rassischen, sprachlichen und kulturellen Vielfalt, wird zu den großen Aufgaben des Petrusamtes gehören. Die Vielfalt liturgischer Ausdrucksformen und die Einheit des Glaubens sind oft innerhalb eines einzigen Kulturkreises schon nicht leicht. Die Übersetzungen und Kommentare der Bibel in vielen Sprachen der Welt sind ein anderer Hinweis auf mögliche Schwierigkeiten. Ein Blick auf die Geschichte des Christentums (vgl. etwa Orient und Okzident mit verschiedenen Riten) gibt uns einen weiteren Hinweis, wie man das gemeinsame Glaubensbekenntnis verteidigen und vertiefen kann trotz aller äußeren Verschiedenheiten der Riten und lokalen Traditionen. In der Zeit des Ökumenismus, in der die getrennten Kirchen die verlorene Einheit suchen und immer näher zusammenrücken, muß die Einheit des Glaubens in den wesentlichen Aussagen besonders im Vordergrund stehen. Mögliche Dezentralisierungen dürfen nicht Anlaß zu neuen Spaltungen werden. Die Zeichen der Zeit waren auch in der Vergangenheit ein Hinweis auf die besonderen dogmatischen, pastoralen und kulturellen Anliegen und Aufgaben der Kirche.

Die Synode hat die Bedeutung der Kollegialität unterstrichen; dabei wurde – wie mir scheint, zum erstenmal ausdrücklich – die Bischofssynode als eine „der ver-

schiedenen Teilverwirklichungen" des Kollegialitätsprinzips bezeichnet. Haben die Bischöfe den Willen gezeigt, zu einer totalen Verwirklichung zu gelangen? Hat es irgendeinen entsprechenden konkreten Vorschlag gegeben?

Die Kollegialität im eigentlichen Sinn meint den Papst und das gesamte Kollegium der Bischöfe, wie es bei einem Konzil der Fall ist. Die Synode hat neben dem juridischen Begriff der Kollegialität auf die affektive Bedeutung der Kollegialität hingewiesen, die in den kleinen oder größeren Gemeinschaften, den Konferenzen der Bischöfe als „communio ecclesialis" wirksam wird. Daher faßt der Schlußbericht die Meinung der Synode so zusammen: „Von dieser ersten Form der Kollegialität im strengen Sinne unterscheiden sich verschiedene Teilverwirklichungen, die authentische Zeichen und Werkzeuge des Sinnes für Kollegialität sind: Bischofssynode, Bischofskonferenzen, Römische Kurie, Ad-limina-Besuche ..." (II C 4). Die Synode war der Meinung, daß die verschiedenen Formen von Kollegialität noch einer theologischen Klärung bedürfen. Unabhängig davon wurde zu wiederholten Malen auf die Wichtigkeit und Bedeutung der Bischofskonferenzen hingewiesen.

In der Schlußerklärung heißt es: „Da die Kirche eine Gemeinschaft ist, muß es auf allen ihren Ebenen Teilhabe und Mitverantwortung geben." Was die Laien betrifft, wird aber nur von „Zusammenarbeit" und „Verfügbarkeit" gesprochen. Ist das nicht ein Widerspruch? Werden die Laien in der Kirche niemals Mitverantwortung tragen?

In der Schlußrelation lesen wir: „Da die Kirche eine Gemeinschaft ist, muß es auf allen ihren Ebenen Teilhabe und Mitverantwortung geben“ (II C 6). Die Synode spricht also von Teilhabe und gemeinsamer Mitverantwortung auf allen ihren Ebenen. – Dazu sei an eine Stelle im Priesterdokument des Konzils erinnert: „Mit allen nämlich, die wiedergeboren sind im Quell der Taufe, sind die Priester Brüder unter Brüdern, da sie ja Glieder ein und desselben Leibes Christi sind, dessen Auferbauung *allen* anvertraut ist“ (Dekret über Dienst und Leben der Priester „Presbyterorum ordinis“, Nr. 9). Wenn aber, worauf Sie mit Recht hinweisen, im synodalen Text von einer Mitarbeit und „Disponibilità“ (Verfügbarkeit) der Laien die Rede ist, so meint die Synode damit die größere Bereitschaft der Laien, teilzunehmen an einer entsprechenden Mitverantwortung „in verschiedenen Umfeldern“ des Laienapostolates. Die Mitarbeit der Laien wird übrigens für die Zukunft der Kirche von immer größerer Bedeutung sein.

Was die in der Pastoralkonstitution „Gaudium et spes“ zum Ausdruck gekommene Aufgabe der Kirche in der Welt betrifft, hat die Synode die Bedeutung dieser Aufgabe zwar im allgemeinen neuerlich betont; nach meinem Eindruck hat sie aber auch versucht, die Bedeutung dieser Aufgabe zurückzustufen und dies mit den unterschiedlichen Zeichen der Zeit in der Konzilsära und heute zu begründen: „Dies verpflichtet zu neuer und tieferer theologischer Reflexion, worin im Lichte des Evangeliums solche Zeichen zu deuten sind“ (II D 1). Aus dieser Überlegung entstehen entsprechende Vorschläge: vor allem die Theologie des

Kreuzes (II D 2). Ein solcher Vorschlag kann eine wertvolle und nützliche Glaubensreflexion für einen gläubigen Christen sein – und er ist es auch. Aber wenn er als Antwort angesichts der Übel von „Hunger, Unterdrückung, Ungerechtigkeit und Krieg, Folter und Terrorismus" für die Welt im allgemeinen präsentiert wird, kann er eine Rückkehr zur Entfremdung der Vergangenheit darstellen. Ist es nicht so?

Es war nicht selbstverständlich, daß die Synode – angesichts so vieler Kritiken von verschiedenen Seiten gerade gegenüber dem Konzilsdokument „Gaudium et spes" – sich veranlaßt sah, „die große Bedeutung und Aktualität" dieses Dokuments wieder zu betonen. Es war nicht reiner Zufall, wenn man sich vor Augen hält, daß man während und nach dem Konzil dem Dokument „Gaudium et spes" den Vorwurf gemacht hat, es gehe von einer zu optimistischen Weltbetrachtung aus. – Niemand wird das bezweifeln, wenn die Synode meinte, daß in den vergangenen zwanzig Jahren sich zum Teil auch die Zeichen der Zeit gegenüber früher geändert hätten. Aber mit dem Hinweis auf die Aktualität von „Gaudium et spes" bleibt die Synode auch in dieser Hinsicht auf der Linie des Konzils; das heißt, man will die Probleme der Welt von heute, so wie sie sich in unserer Gegenwart darbieten, zur Kenntnis nehmen und so wie der barmherzige Samaritan mithelfen, Wunden zu heilen. Man will den Dialog mit der Welt nicht nur theoretisch, sondern auch praktisch ernst nehmen (vgl. die großen Aktionen der Caritas, von Cor unum, der Entwicklungshilfe usw.). Mit dieser Öffnung zur Welt obliegt der Kirche die Pflicht,

„nach den Zeichen der Zeit zu forschen und sie im Licht des Evangeliums zu deuten. So kann sie dann in einer jeweils einer Generation angemessenen Weise auf die bleibenden Fragen der Menschen nach dem Sinn des gegenwärtigen und des zukünftigen Lebens und nach dem Verhältnis beider zueinander Antwort geben" („Gaudium et spes", Nr. 4).
Heute weiß man, wie sehr die sozialen und kulturellen Veränderungen in der Welt von heute sich auch auf das religiöse Leben auswirken. Ein solcher Dialog, eine solche Beschäftigung mit den Zeichen der Zeit und mit der Welt von heute läßt erkennen, wie sehr der Mensch seine Macht ausdehnt, aber diese Macht nicht immer steuern kann, so daß sie ihm wirklich dient. Er unternimmt es, in immer tiefere seelische Bereiche einzudringen, und scheint dabei oft ratlos über sich selbst. Schritt für Schritt entdeckt er die Gesetze des gesellschaftlichen Lebens und weiß doch nicht, welche Ausrichtung er ihm geben soll.
Ich sehe keinen Anlaß, von einer veränderten Einstellung der Synode zum Dokument „Gaudium et spes" zu sprechen.

Auf dem Hintergrund der in der letzten Frage skizzierten Voraussetzungen stellt die Synode eine zweite Überlegung an, indem sie den berühmten Begriff des „Aggiornamento" als „missionarische Öffnung zum Heil der Welt in seiner Fülle" (II D 3) neu definiert. Durch diese Öffnung werden „nicht nur alle wahrhaft menschlichen Werte angenommen, sondern auch schärfstens verteidigt: die Würde der menschlichen Person, die grundlegenden Menschenrechte, der Frie-

de, die Freiheit von Unterdrückung, Armut und Ungerechtigkeit". Und dann heißt es weiter im Schlußdokument: „Die Fülle des Heils wird nur erlangt, wenn diese menschlichen Belange gereinigt werden und durch die Gnade erhoben werden zur Höhe der Familienzugehörigkeit mit Gott durch Jesus Christus im Heiligen Geist" (II D 3). Entleert ein solches „Aggiornamento" nicht sowohl die Autonomie der menschlichen Wirklichkeiten ihrer Bedeutung wie auch die Geschichte als eigenständigen Wert, wenn sie dem Menschen auch jenseits des Glaubens dient?

Wenn die Kirche die „Autonomie der menschlichen Dinge" nicht ernst nimmt, um sie in ihrer Eigenständigkeit zu sehen, dann kann sie auch die allgemeinen Menschenrechte und menschlichen Werte nicht glaubwürdig verteidigen. Die Autonomie der menschlichen Realität erhält einen größeren Wert, eine Art Unantastbarkeit, wenn sie mit ihrer Eigenständigkeit zugleich wurzelt in jener Transzendenz, die ich nur im Glauben erfassen kann. Ich werde den subjektiven Wandel solcher Werte dann am besten aufhalten können, wenn ich sie in ihrer transzendentalen, im Glauben erfaßbaren Wirklichkeit verbinde mit dem Gebot Gottes, mit der von Christus gelehrten Gottes- und Nächstenliebe. Auf diese Weise sind sie doch weniger dem subjektiven Wandel und der subjektiven Auffassung ausgesetzt. – Das „Aggiornamento" als missionarische Öffnung zur Welt verliert seine ursprüngliche Bedeutung, wenn ich die Öffnung zur Welt zu einer Vermischung mit der Welt mache; wenn ich die Kirche säkularisiere und daher die Welt nicht mehr missioniere durch die Botschaft

Christi. Falsch ist die Isolierung der Christen gegenüber der Welt, falsch ist aber auch eine Verweltlichung der Kirche, ein Gleichförmig-Werden mit der Welt [vgl. Röm 12, 2: „Gleicht euch nicht dieser Welt an, sondern wandelt euch und erneuert euer Denken, damit ihr prüfen und erkennen könnt, was der Wille Gottes ist, was ihm gefällt, was gut und vollkommen ist"].

Ebenso scheint mir die Definition der Inkulturation als „innerlichste Umformung der authentischen Kulturwerte durch Einbindung in das Christentum und zugleich die Einwurzelung des Christentums in die verschiedenen menschlichen Kulturen" (II D 4) zwei schon sich selbst genügende Wirklichkeiten übereinanderzustülpen, die jede auf ihre Art dieselbe Realität widerspiegelt. Wenn es sich nämlich um authentische Kulturwerte handelt, brauchen sie keinerlei Umwandlung, weil sie schon in sich jene christliche Wurzel tragen, die sich gemäß jener authentischen Kultur ohne Notwendigkeit einer „Verwurzelung" entwickeln wird. Wieder geht es um die Autonomie der menschlichen Werte. Was denken Sie darüber?

Wenn ich sage, daß die kulturellen Werte bereits eine christliche Wurzel in sich haben, die sich von selbst entfaltet, dann ist die Kirche unglaubwürdig und überflüssig. Jeder Mensch hat in sich eine Anlage, um durch Taufe und Glaube, durch persönliche Bekehrung, durch Christus zum Vater im Himmel geführt zu werden. Aber das geschieht „nicht von selbst", sondern durch das Einsenken jenes Sauerteiges in das individuelle und gesellschaftliche Leben, das wir Botschaft Christi nennen. Diese Botschaft muß verkündet werden, muß freiwillig durch persönliche Entscheidung angenommen werden. Das gilt in einer analogen Weise auch für die menschliche Kultur. Die Kirche als Volk Gottes transformiert, durchdringt alles Leben in allen Bereichen, von der Familie bis zur Kultur, Kunst und Literatur, bis zur Gestaltung der Freizeit. Die Autonomie der menschlichen Werte wird dadurch nicht zerstört, sondern tiefer und besser eingewurzelt in der unsichtbaren Welt, auf die die sichtbare Welt hinweist.

Insgesamt hat man aus der Lektüre des Schlußdokuments (das erstmals von den Bischöfen selbst erstellt und gleichzeitig mit dem Abschluß der Arbeiten veröffentlicht wurde, was schon an sich positiv ist) den Eindruck eines einhelligen „Ja, aber mit gewissen Einschränkungen" zum Konzil. Mir scheint, daß jene von Ihnen mit Recht so genannten extremistischen Randgruppen auf die Versammlung einen überproportionalen Einfluß ausgeübt und die Synode auf den Weg einer tatsächlichen Zurückstufung von Geist und Buchstaben des Konzils geführt haben. Sehen Sie das auch so?

Das Schlußdokument enthält – auch nach meiner Meinung – eine deutliche Zustimmung zum Vaticanum II. Infolge der kurzen Zeit war es nicht leicht, das Dokument wiederholt zu diskutieren, darüber abzustimmen und erst die öfter korrigierte Vorlage anzunehmen. Der Synode ging es um eine Vertiefung und Erneuerung des Geistes des Konzils. Außerdem wollte man nach Art eines Kommentars ergänzende Bemerkungen anbringen und auf Mißverständnisse hinweisen. Solche ergänzende Bemerkun-

gen waren etwa: die Kirche als „Communio“, das über den sozialen Aspekt hinausgehende Mysterium der Kirche, die Kollegialität, die Bischofskonferenzen, die Verbindung von Theologie und Lehramt der Kirche, die Bedeutung des Dialoges mit Nichtchristen und mit der Welt, das recht verstandene „Aggiornamento“, die Option für die Armen usw.
Gleich zu Beginn der Synode wurde mit Nachdruck die Absicht bekundet, das Konzil zu vertiefen, den Geist des Konzils zu erneuern und nicht das Konzil zu korrigieren. Ein „Ridimensionamento“ des Konzils ist daher von vornherein abgelehnt worden. Die Hinweise auf Mißverständnisse waren nicht als Kritik am Konzil, sondern an manchen Interpretationen gemeint. In dieser Weise waren die Teilnehmer an der Synode eines Sinnes und einer Meinung.

Welche Reaktionen hat bei Ihnen die Tatsache ausgelöst, daß die meisten Synodenväter keine Konzilsteilnehmer gewesen waren? Wurde der authentische Geist des Konzils, der den Buchstaben der Dokumente, die ja oft Frucht von Kompromissen waren, überragt, von den neuen Bischöfen verstanden?

Ich muß gestehen, daß ich nicht mit großer Begeisterung zur Synode gekommen bin. Ich war nicht als Vorsitzender einer Bischofskonferenz gekommen, sondern war als „Invitatus specialis“ anwesend. Ich war zudem in Sorge, daß die Synode nur Anlaß sein könnte, eine sogenannte „Restaurazione“ im Sinne von zahlreichen Berichterstattern apologetisch zu vertreten und damit die wertvolle Zeit auf sekundäre Fragen zu verwenden. Ich war also eher skeptisch zur Synode gekommen und war unsicher, ob eine

Synode zwanzig Jahre nach dem Konzil in dieser Situation und zu diesem Zeitpunkt opportun ist. Ich muß nachträglich feststellen, daß sich meine Befürchtungen in keiner Weise bewahrheitet haben. Es waren verschiedene Beobachter getrennter Kirchen, die mir in Privatgesprächen erzählten, wie sehr sie beeindruckt seien vom Geist und Klima der Synode. Sie hätten sich gefreut, daß man das Vaticanum II ohne Reserve bejahe, daß jenes richtig verstandene „Aggiornamento“ des Konzils betont worden sei und daß man alle Kräfte eingesetzt habe, um den Geist des Konzils zu erneuern und zu vertiefen; daß man vor allem die ökumenischen Initiativen bejahe und fortsetze. Ein Beobachter, der die Pfingstkirchenbewegung vertrat, meinte etwa, er sei besonders beeindruckt, daß in dieser zerrissenen und entzweiten Welt auf einer kirchlichen Weltebene eine solche Atmosphäre der Eintracht und der Zusammenarbeit zu spüren sei.

In diesem Zusammenhang liegt mir ein Schlußsatz sehr am Herzen, den ich wörtlich zitiere:

„Wir Bischöfe alle zusammen mit und unter Petrus versprechen, das Zweite Vatikanische Konzil tiefer zu begreifen und in die Praxis der Kirche zu überführen, wie es auf dieser Synode unser Anliegen war. Wir haben das Konzil gefeiert und geprüft und wollen es voranbringen. Die Botschaft des Zweiten Vatikanischen Konzils, die schon von der ganzen Kirche mit großer Zustimmung aufgenommen worden ist, ist und bleibt eine Magna Charta für künftige Zeiten“ (II D 7).

Sie haben bei der Synode nicht das Wort ergriffen, un-

ter anderem deshalb, wie Sie in einem „Famiglia Cristiana"-Interview meinten, weil Sie mit der italienischen Erstauflage des vorliegenden Buchs schon genug geredet hätten. Sind Sie von einzelnen Bischöfen auf das Buch angesprochen worden?

Während der Synode war ich überrascht, daß viele Teilnehmer in der Versammlungsaula – und auch außerhalb derselben – den vorliegenden Text von „Chiesa dove vai?" mit Interesse gelesen hatten und in diesem Zusammenhang verschiedene Fragen an mich richteten.

Was ist Ihr allgemeiner Eindruck über den Zustand der Weltkirche, und welchen Unterschied sehen Sie zu den fünfziger Jahren?

Während der Bischofssynode hatte ich an einem Sonntag in einer römischen Pfarrgemeinde die Abendmesse übernommen. Es war ein eindrucksvoller Gottesdienst für mich. Die Meßfeier war Ausdruck einer lebendigen und gläubigen Pfarrgemeinde. Beim anschließenden Abendessen sagte mir der Pfarrer dann: Wir danken es dem Konzil, daß unsere Pfarrgemeinde aus einem gewissen Formalismus zu neuem Leben einer kirchlichen Gemeinde erwachte. Er fügte dann hinzu: Wir sind zu der Erkenntnis gekommen, daß in unserer Pfarrgemeinde fast alle „sacramentalizzati" sind, aber nur wenige „evangelizzati". Die Bekehrung der Erwachsenen – und dazu hat uns das Konzil die entscheidende Anregung gegeben – ist der Anfang einer lebendigen christlichen Pfarrgemeinde.
Aus den Berichten der Vorsitzenden der Bischofs-

konferenzen konnte man bei der Synode wiederholt hören: Wir verdanken es dem Zweiten Vatikanischen Konzil, daß in unseren Pfarrgemeinden in unserer Diözese ein neues religiöses Leben begonnen hat. Es ist ein religiöser Frühling, der vor zwanzig Jahren begonnen hat.
In diesem Sinne wurde in der Aula wiederholt und nachdrücklich darauf hingewiesen, daß ein „tieferes und integrales Verständnis" des Vaticanum II notwendig sei. Man sagte aber auch, daß man mit der Annahme des Konzils, seiner geistlichen Verinnerlichung, seiner Rezeption noch lange nicht fertig sei.

Glauben Sie, daß sich die Synode in naher Zukunft mit der Frage beschäftigen wird, wie die Kollegialität in der Leitung der Weltkirche operativ gemacht werden kann?

Wenn man sich die in der Synode geprägte Unterscheidung zwischen einer effektiven und affektiven Kollegialität vor Augen hält, wenn man dazu bedenkt, daß die theologische und rechtliche Klärung des Begriffes „Kollegialität" noch nicht abgeschlossen ist, so ist die starke Betonung der Bischofskonferenzen eine solche affektive Form der Kollegialität. Neben den Bischofskonferenzen kommt in diesem Zusammenhang dem „Rat der Bischofssynode" eine große praktische Bedeutung zu.

Kardinal Hume hat zu Jahresbeginn in einem Interview mit der „Famiglia Cristiana" erklärt: „Die Kirche der Zukunft wird immer mehr ein vielfarbiges Kleid tragen, denn die Bischöfe der Dritten Welt haben an-

dere Prioritäten und Interessen als die unseren ... Der Aufstieg der jungen Kirchen ist ein starkes Symbol der Verschiedenheit und der Einheit, die beide essentielle Aspekte des Mysteriums der Kirche darstellen." Welches Gewicht wird diese neue Wirklichkeit in der Leitung der Weltkirche haben?

Mit Kardinal Hume sehe ich für die Zukunft der Kirche in der Aufrechterhaltung der Einheit bei aller Vielfältigkeit die große Aufgabe.

Der brasilianische Kardinal Lorscheider hat – ebenfalls gegenüber „Famiglia Cristiana" – festgestellt: „Von der Synode hatte ich mir eine tiefere Reflexion über das Vaticanum II und eine Wiederaufnahme seiner Leitlinien für die Welt von heute erwartet ... Ich hätte mir mehr Klarheit und Entschlossenheit in einigen Fragen gewünscht, zum Beispiel was die prophetische Option für die Armen betrifft ... die integrale Befreiung jedes Menschen in Jesus Christus ist eine dringende Notwendigkeit. Darüber ist zu wenig gesagt worden, auch hat es eine Verwirrung der Begriffe gegeben, wer oder was ein Armer sei. Ich hätte mir mehr Klarheit über die Haltung zum Volk gewünscht."
Was ist Ihre Meinung in diesem Zusammenhang?

Kardinal Lorscheider war nach der Bischofssynode noch kurz in Österreich. Seine persönlichen Wünsche und Erwartungen in bezug auf die Synode sind – wie er meinte – nicht als Kritik zu verstehen, sondern eher als ein Bedauern, daß wegen der knappen Zeit eine Reihe von Fragen nicht ausführlicher behandelt werden konnte. Es sind zum Teil Themen, die für Südamerika oder Brasilien eine besondere Aktualität haben bzw. es sind Themen, die von Bischofskonferenzen oder auf der nächsten Bischofssynode weiter behandelt werden können. Die Befreiungstheologie, so gab er zu verstehen, ist viel mehr ein *europäisches* als ein südamerikanisches Problem.

Im Zusammenhang mit dem Dialog mit den nichtchristlichen Religionen und mit den Nichtglaubenden hat die Synode eine Unterscheidung getroffen: „Der Dialog ist der Mission nicht gegenüberzustellen" (II D 5). Scheint sich nicht auch hier der Versuch abzuzeichnen, einige Optionen des Konzils teilweise zurückzunehmen?

Die Existenz der beiden gleichzeitig mit dem Sekretariat für die Einheit der Christen ins Leben gerufenen Sekretariate für die Nichtchristen bzw. für die Nichtglaubenden mit dem Hinweis auf die Wichtigkeit des Dialoges war von Anfang an nicht nur eine Frage der Kompetenz, sondern ein Hinweis auf die Methode, die bei der Missionsarbeit zu beachten ist. Die Verkündigung der Frohen Botschaft muß den persönlichen wie den kulturellen Dialog vor Augen haben.

Unter Ihren neuen Aufgaben ist die Präsidentschaft der internationalen christlichen Friedensbewegung „Pax Christi". Welche Linie möchten Sie dieser Bewegung in einer Zeit geben, in der der internationale Terrorismus seine erbarmungslose Rolle noch stärker auszuspielen scheint?

Pax Christi wurde formell 1944 von Bischof Theas in

Lourdes gegründet. Der Bischof nahm dabei Bezug auf die christliche Inspiration, auf den Geist der Versöhnung, der bei den internationalen Wallfahrten in Lourdes auf Schritt und Tritt zu spüren war. Es war die Zeit des zu Ende gehenden Weltkrieges mit der Sehnsucht nach Frieden und Aufbau einer besseren und friedlicheren Welt. Von Anfang an dachte man dabei daran, neben den staatlichen und politischen Bemühungen alle christlichen Kräfte zu koordinieren und sie in den Dienst des Friedens zu stellen.

Für die Zukunft scheint mir besonders wichtig zu sein:

1. daß das religiöse christliche Fundament, die Gottes- und Nächstenliebe, als die innerliche Quelle und Grundlage, wie es Pax Christi tut, stets betont wird, daß jede politische Abhängigkeit oder Manipulation, welcher Art auch immer, sorgfältig vermieden wird;

2. auf der internationalen Ebene dem Geiste des Hasses und der Zwietracht durch Beispiele christlicher Versöhnung zu begegnen und solche Zeichen des Friedens in den Medien zu verbreiten und damit die öffentliche Meinung positiv zu beeinflussen;

3. bei lokalen Konflikten neue Wege des Gesprächs, der Konfliktbereinigung zu suchen. Dabei soll die Überzeugung zum Ausdruck kommen, daß alle Menschen bereit sind, auf ihre Weise mitzuhelfen, um eine neue Friedensordnung aufzubauen.

Schlußbemerkungen

Sie sind nicht mehr Erzbischof von Wien. Was tun Sie jetzt?

Ich habe verschiedene Aufgaben, zum Beispiel in der internationalen katholischen Friedensbewegung „Pax Christi“, in der Wiener Stiftung „Pro Oriente“, die sich um den Dialog mit den orthodoxen und altorientalischen Kirchen annimmt, und in der internationalen Stiftung „Nova Spes“, der es um die qualitative menschliche Entwicklung und um die Zusammenarbeit zwischen den internationalen Kräften von Religion, Wissenschaft, Kommunikation und Wirtschaft geht.

Woran haben Sie gedacht, als Sie die Schwelle des 80. Geburtstags überschritten?

Ich mache eine merkwürdige Erfahrung. Früher habe ich mir gedacht: Wenn man siebzig, achtzig Jahre alt wird, ist das Leben zu Ende. Ich habe dieses Alter erreicht; die Jahre mehren sich; ich habe keinerlei Furcht empfunden; ich habe nichts Besonderes getan, um dieses Alter zu erreichen. Ich habe immer ein einfaches Leben geführt und tue es weiterhin. Ich nehme das Leben an, wie der Herr es will.

Was ist in diesen achtzig Jahren Ihre lebendigste und bedeutungsvollste Erinnerung?

Das Konzil, die Päpste, die Situation meiner Heimat mit den politischen Veränderungen, die ich erlebt habe, aber auch der Vortrag, den ich an der Al Azhar-Universität in Kairo gehalten habe.

Haben Sie jemals bereut, Priester und Bischof geworden zu sein?

Nach meinen jugendlichen Zweifeln habe ich die Entscheidung für das Priestertum nie mehr bereut, nachdem ich sie einmal getroffen hatte. Ich wäre gern weiter Universitätsprofessor geblieben. Die Ernennung zum Bischof war für mich eine wahre Überraschung. Damals hatten sich mir gleichzeitig drei Möglichkeiten geboten: ein Lehrstuhl für Religionsgeschichte an einer deutschen Universität; ein Forschungsstipendium von seiten einer katholischen Universität in den USA; das Bischofsamt. Ohne mein Wissen hat die zitierte deutsche Fakultät dem Papst geschrieben, damit er mich in jener Stadt zum Weihbischof ernennt, so hätte ich auch lehren können. Ich entschied mich für das Bischofsamt, weil ich mir darüber klar wurde, daß ich moralisch dazu verpflichtet sei.

Sie sind seit 1933 Priester, seit 1952 Bischof, seit 1958 Kardinal. Sie waren Vorsteher einer Ortskirche und gleichzeitig verantwortlich für ein „Dikasterium“ (ein Ministerium) der römischen Kurie, ein Dikasterium, das Sie selbst „erfunden“ haben – und Sie waren vielfach mit dem Leben anderer Kirchen direkt verbunden. Diese reiche Erfahrung hat dazu geführt, daß im letzten der drei Konklaves, an denen Sie teilgenommen haben, Ihr Zeugnis für die Wahl des polnischen

Papstes entscheidend wurde. Kann man sagen, daß Sie einen neuen Bischofs-Typus kreiert haben, der für seine Kirche verantwortlich, aber gleichzeitig in das Leben der anderen Ortskirchen einbezogen ist? Was würden Sie heute einem jungen Bischof sagen, der auf die Kirche des dritten Jahrtausends schaut?

Ich würde ihm vor allem raten, sich dem Geist des Konzils anzugleichen, in zweiter Linie, den Laien so viel Raum wie möglich zu geben; drittens, den ökumenischen Dialog so intensiv wie möglich zu entfalten; schließlich, mit einem gewissen Interesse, aber auch mit Vorsicht die charismatische Bewegung zu betrachten.

Was haben Sie von Johannes XXIII., Paul VI., Johannes Paul I., Johannes Paul II. gelernt, von diesen Päpsten, von denen Sie drei mitgewählt haben?

Von Papst Johannes habe ich den Optimismus gelernt, die Öffnung zur Welt, die Hinordnung auf das Konzil. Es war nicht leicht, ein Konzil einzuberufen, daran habe ich erinnert: der Widerstand der Kurie war sehr stark. An Paul VI. habe ich seinen ausdrücklichen Willen bewundert, den Weg Johannes' XXIII. fortzusetzen, seine große Intelligenz, die ihn freilich dazu brachte, die verschiedenen Lösungen eines Problems allzu sehr abzuwägen, um die beste zu finden. Ich habe seine Enzyklika „Ecclesiam suam" bewundert, die das große Thema des Konzils, den Dialog mit den Nichtkatholiken, mit den Nichtchristen, den Nichtglaubenden wiederaufnahm – aber auch die Enzyklika „Humanae vitae", die Paul VI. teuer zu stehen kam, doch heute beginnt

man zu erkennen, daß er mit dieser Enzyklika schwerwiegende und wichtige Probleme aufgeworfen hat. An Johannes Paul I. habe ich seine Liebenswürdigkeit, sein Lächeln bewundert. Er war von Hoffnungen umgeben, die vielleicht übertrieben waren. Es fehlte ihm die Regierungserfahrung. Am Tag vor seiner Wahl hat er mir gesagt, ganz ruhig zu sein. Als die Wahl näherkam, ergriff ihn eine gewisse Verwirrung; die Wahl durchlitt er fast wie ein Schockerlebnis. Er wollte nicht annehmen: seine Nachbarn, Kardinal Willebrands und der portugiesische Kardinal, mußten ihn überzeugen. Ich sah seine abwehrende Geste und sein aufgeregtes Sprechen. So legten wir eine Wartepause vor der offiziellen Annahme der Wahl ein. Nachdem er einmal die Wahl angenommen hatte, heiterte er sich auf. Nach dem ersten Papstsegen sprach er fast nur, um uns Vorwürfe zu machen, daß wir ihn gewählt hatten. Dann ging er gleich weg, um seine Rede vorzubereiten.
Bei Karol Wojtyla war es ganz anders. Zwar hatte er gleich nach der Wahl einen Augenblick des Zauderns, so sehr, daß er mich an der Annahme der Wahl zweifeln ließ. Aber dann kehrte er zu seiner sicheren Gelassenheit zurück, so sehr, daß er nach der unerwarteten Rede an die auf dem Petersplatz versammelte Menge und dem Segen mit uns zum Abendessen zurückgekehrt ist. Beim Essen nahm er dann ein Glas Wein und stieß mit allen an. Er ging sogar in die Küche, die gleich neben unserem Saal war, um mit dem Personal anzustoßen.

Und was haben Sie von Karol Wojtyla gelernt, den man als Ihren geistlichen Sohn bezeichnen könnte?

Ihre Feststellung scheint mir ein bißchen übertrieben. Freilich lädt mich der Papst immer zum Essen ein, wenn ich nach Rom komme, wir tauschen unsere Gedanken aus, er fragt mich gelegentlich um Rat. Ohne Zweifel hat er eine große Bildung, einen ungeheuer tiefen Glauben, eine besondere Verbindung mit Gott, eine starke Ehrfurcht vor dem Menschen.

Was ist die Erinnerung aus Osteuropa, die Sie am tiefsten betroffen gemacht hat?

Die erste Begegnung mit Kardinal Mindszenty, der erste Besuch in Polen, die Begegnungen mit Kardinal Wyszynski.

Ist Karol Wojtyla ein Optimist?

Davon bin ich überzeugt. Gelegentlich mag er pessimistisch erscheinen. Aber seine Dokumente sind optimistisch.

Aber er hat viel Heimweh nach Polen, nicht wahr?

Sicher, aber er überwindet es durch die Reisen.

In Kreisen, die für eine Öffnung eintreten, hat der Papst zunächst einen sehr guten Eindruck gemacht. Jetzt gibt es gewisse Zweifel über einige Haltungen und Entscheidungen dieses Papstes. Man hat fast den Eindruck, daß er ein gewisses „Heimweh" nach einer starken, sicheren, triumphierenden Kirche hat, die nur lehrt, aber nichts lernen muß. Was können Sie, der Sie Karol Wojtyla besser als andere kennen, dazu sagen?

Das ist eine Interpretation, die entstehen kann, wenn

man sich auf die eine oder andere Aktivität des Papstes konzentriert. Aber wenn man sein Pontifikat als ganzes sieht, kann man die von Ihnen zitierten Aspekte nicht entdecken.

Sie kennen Karol Wojtyla doch so gut: Will er tatsächlich die Entwicklung des Konzils im authentischen Sinn, in dem, was das Konzil an Neuem gebracht hat?

Davon bin ich zutiefst überzeugt. Der Papst hat positiv am Konzil teilgenommen. Seine Dokumente sind voll von Konzilszitaten. Wenn einige „Römer" versuchen, das Denken des Papstes in einem gewissen Sinn zu interpretieren, tun sie das nicht immer mit Genauigkeit. Ich erinnere mich an einige seiner sehr offenen Interventionen beim Konzil, in denen er die Erfahrung einer Kirche in einer vom Staatsatheismus regierten Nation einbrachte, einer Nation, wo wie in allen ähnlichen Situationen im Osten die theoretischen Abhandlungen zu nichts führen.

Sehen Sie heute ein größeres Verständnis zwischen moderner Wissenschaft und Glaube gerade wegen der Säkularisierung?

Zweifellos. Tatsächlich sind die Wissenschaftler heute gegenüber den moralischen und religiösen, um nicht zu sagen christlichen Werten viel sensibler. Was nützt uns der wissenschaftliche Fortschritt, wenn wir ihn nicht beherrschen können? Das ist die Frage angesichts der Realität der Atombombe, die alles verschlingen kann.

Ist angesichts einer solchen Entwicklung für das

21. Jahrhundert nicht ein neuer Typus Kirche notwendig, eine neue Art, sich der Geschichte zu stellen?

Gewiß, denn das ist eine ständige Notwendigkeit für die Kirche.

Wäre es im Kielwasser dieser Entwicklung nicht notwendig, die theologische Forschung voranzutreiben und nicht zu bremsen?

Ich bin überzeugt, daß das Gespräch und die Annäherung der Weltreligionen das zentrale Problem bleibt. Dieses Gespräch wird zur grundsätzlichen Fragestellung hinführen: Wer ist Jesus Christus? Eine Fragestellung, die für alle Zeiten gültig ist und auf die jede Epoche ihre Antwort geben muß.